培养高情商女孩

自由而坚韧，
让女孩受益一生的礼物

[澳] 史蒂夫·比达尔夫 著
李蒙 宫海荣 译

中信出版集团 | 北京

图书在版编目（CIP）数据

培养高情商女孩 /（澳）史蒂夫·比达尔夫著；李蒙，宫海荣译. -- 北京：中信出版社，2021.3（2025.2重印）

书名原文：10 Things Girls Need Most: To Grow Up Strong and Free

ISBN 978-7-5217-2863-7

Ⅰ. ①培… Ⅱ. ①史… ②李… ③宫… Ⅲ. ①女性—家庭教育 Ⅳ. ① G78

中国版本图书馆 CIP 数据核字 (2021) 第 035350 号

培养高情商女孩

著　　者：[澳] 史蒂夫·比达尔夫
译　　者：李　蒙　宫海荣
出版发行：中信出版集团股份有限公司
（北京市朝阳区东三环北路 27 号嘉铭中心　邮编　100020）
承 印 者：北京盛通印刷股份有限公司

开　　本：787mm×1092mm　1/16　　印　　张：16.25　　字　　数：220 千字
版　　次：2021 年 3 月第 1 版　　印　　次：2025 年 2 月第 9 次印刷
京权图字：01-2018-1703
书　　号：ISBN 978-7-5217-2863-7
定　　价：45.00 元

目 录

序言一

来自史蒂夫的一封信

亲爱的读者：

过去40年，我和许多参与到我工作中的父母一起努力，取得了令人满意的结果，经历了许多感人的事情。于是，我开始考虑如何将我们的体会和经验写下来，以书为载体，分享给更多需要帮助的父母。现在你手里捧着的，就是这个想法的结晶。像读其他的书一样，你读这本书时也可以不停顿，一口气从头读到尾。但是，如果你想收获更多，我建议你参与书中的评估测试。这本书每隔几页就会出现互动设计，它们大多是简单的自我评估测试，或是让你对一个观念进行快速评分。这些小测试可以让你将书中的观点和个人经历结合起来，应用到自己的家庭生活中，特别是对女儿的教育上。

本书的各个章节都经过了实践检验。在此过程中，我们发现参与其中的父母很喜欢自己灵光一现的想法，贡献了许多非常好的点子。如果你经历过挫折，感受过迷茫，那么通过本书，你会对养育女儿这件事情有更清晰的认识和更透彻的理解。由此，你会成为女儿心中更理想的父母。

读到书中的互动部分时，请拿起你的笔，试着做做这些调查问卷，看看结果如何。（我们中的许多人都有小时候在书本上写写画画而给自己带来麻烦的经历。希望这本书中的调查问卷不会给你带来这种困扰。）你也可以通过以下网址下载调查问卷：www.stevebiddulph.co.uk/resources。

需要说明的是，有时候这些问卷中的问题会令你感到伤心，或引发别的强烈的情绪波动。若是这样，我希望在阅读这些部分时，你能感受到来自有过同样经历的人的支持和关爱。在此过程中，我们要互相支持，一起为我们的女儿创造一个更美好的世界。

爱你的史蒂夫

序言二

为了女儿能够健康成长

那难忘的一刻，你肯定还记得吧？你第一次抱起刚刚出生的女儿，她睁大双眼望着你，你既骄傲又幸福，想要好好保护这幼小的生命，并感谢上帝赐给了你一个女儿。

在过去的一个世纪的时间里，女孩的生存环境得到了改善。人们不断努力，为女孩争取到了更多的公平待遇和机会，让她们不会因为性别而被迫生活得压抑和不自由。然而，大概在10年前（具体的时间不好确定），这一切开始发生变化。如今，新的问题已经出现，早熟、心理疾病等问题对女孩成长的影响渐渐凸显。

每个人都觉察到了这一变化，不仅仅是心理学家和咨询师，女孩的父母也醒悟了。你常常会听到人们说："这哪里像14岁的女孩，简直就是个大人嘛！""这些女孩子，未免也太早熟了吧！"还有人会翻着白眼感慨："这些女孩，真是没个女孩样儿！"

在我写作本书期间，英国教育部公布了一份报告。该报告称，在全英国的少女中，有1/3的人有抑郁和焦虑症状，该报告将这称为"重大的、明显的趋势"。英国国家医疗服务体系也有类似的发现，根据相关报告，1/5的女孩有自残行为。这个数字是10年前的3倍。更糟糕的是，13%的女孩有创伤后应激障碍的症状，而这类症状通常是那些受过严重创伤的人才会有的。饮食失调、对自己的身体感到厌恶、过早进入两性关系而感到无助和不快乐……存在这些问题的女孩的人数呈上升趋势。当然，不是每个女孩都有上述问题，但受这些问题困扰的女孩的数量之多，足以引起世人的担忧。

我们很清楚孩子在少女阶段出现这些问题的原因：一方面，社交媒体的数量激增，孩子在电脑和电视机前花费的时间太多了；另一方面，现在的生活压力太大，竞争过于激烈，女孩很少有机会接触现实世界中年长、善良和智慧的人。对孩子而言，最佳的成长方式是在大自然的怀抱中无拘无束地、轻松地玩耍。如今的孩子却享受不到这些。

显然，若想女儿成长为一位内心强大而自由的高情商女性，仅仅依靠电视、互联网、杂志和广告无济于事，上学阶段的考试也帮助不大，而长相出众、身材性感、装酷、讨好男孩，或者为了取得公众的认可，牺牲自我以适应世俗的审美趣味也行不通（除非这是出自女孩自己的意愿）。

得益于众多女孩和她们父母的帮助，我们获得了第一手的资料，本书中的让女孩内心强大而自由的10件事就来源于此。本书的写作目的在于，通过帮助你建立自我意识、明确思路、树立目标，激活你作为父母的本能，为你提供最全面、最准确的信息，然后由你自己决定，为了你的女儿、女儿的朋友、你的侄女和外甥女、孙女、女学生，你要做些什么。

本书就是一个功能强大的工具箱，可以帮助你的女儿成长。在这个过程中，你也会受益。毕竟，让女儿变得内心强大而自由，成长为高情商女性是我们都向往的。

本书有互动内容，以下就是第一个需要你回答的问题。

阅读前面的内容后，你本能的反应是什么？请在最能描述你此刻感受的句子前打钩。

□ 1. 哦，不，我不知道！别给我看这类书。

□ 2. 我有些紧张，但还是会继续读下去，因为我爱我的女儿，想帮助她。

□ 3. 我已经对这本书产生兴趣了，迫不及待地想读完。让我赶快继续吧。

女儿的成长历程

你的女儿独一无二、举世无双。她降临到这个世界上是有特殊原因的，她是为了发现生命的意义、实现人生的价值而来。在这个历程中，你起着巨大的作用，但这一切都要从你由衷地欣赏自己的女儿开始。和其他人相比，你对自己的女儿有更深的了解，并且无条件地爱着她。对她的优点，你要多加鼓励，对她的不足之处，你要想办法帮助她改正。

下面的自我评估表能帮助你厘清两件事情。第一，你的女儿现在是什么样子？第二，在你的帮助下，你的女儿未来会是什么样子？下面，让我们开始吧！

1. 我有 ______ 个女儿。

如果你有不止一个女儿，你可以一个一个对她们进行评估。

2. 女儿现在 ______ 岁。

3. 女儿的名字是 ______。

女儿现在的样子

关于她，我最喜欢和赞赏的三个方面：

1. ______________________________

2. ______________________________

3. ______________________________

我发现她身上发生过的最大的变化是：

____

我最想给予她的是：

____

她给我最多的是：

____

女儿未来的样子

现在你对女儿已经有了一个清晰的判断，是时候展望未来了——你希望自己的女儿长大后变成什么样？

想象一下你女儿 25 岁时的样子。

想象一下她已经长成了你一直希望她成为的样子。

你希望哪三个品质是未来的她所具备，是你希望别人能在她身上看到或感受到的？

1. ____

2. ____

3. ____

对比“你希望女儿拥有的品质”和“她现在已经拥有的品质”，你认为两者之间有什么不同？

____

你已经知道女儿现在的样子和你希望她长大后的样子了，是时候想办法实现你的目标了。我们要准确定位她所处的成长阶段，这样才能明确目前你的主要任务。

我们都知道为人父母不仅仅意味着给孩子做饭、洗澡，送孩子到学校，周末陪孩子玩儿，也明白孩子最终会长大成人，离开我们。每天，女儿都一步一步地向成熟迈进，她正走在自己的人生旅途上，作为她的向导，你需要一份靠谱的行动指南。

下面就是女儿成长过程中每个阶段的关键，换句话说，就是在女儿所处的各个年龄段，你需要密切关注的最重要的事情。

0～2 岁　她是生活在充满爱的、有安全感的环境中吗？

2～5 岁　她是否带着自信和勇气去探索外部世界并乐在其中？

5～10 岁　她是否能顺利交友，并和朋友愉快相处，与其他人打交道时，也没问题？

10～14 岁　作为一个独特的人，她到底是谁？她的价值观和信仰是什么？

14～18 岁　她是否为进入成人世界做好了准备，受到了训练？

这 5 个成长阶段的划分来自父母们的育儿经验，每个阶段都有不同的问题和重点。例如，如果你受委托照看一天朋友的两岁女儿，那么这一天肯定不会轻松。它可能是充满乐趣的一天，但这一天中的麻烦是你绝对避免不了的。再如，如果你和一个 14 岁的少女共进晚餐，那气氛肯定会有些别扭，虽然这期间也不乏轻松愉快的时刻。这些成长阶段的划分对全世界的女孩来说都一样，不分时间和地点。幸运的是，我们知道如何顺利地度过这 5 个阶段。

女儿所处的成长阶段

我们可以从一个美好、恰当的角度来看待女孩的成长过程。它就像是一次“探索”，一次有目的地的旅途。在途中，女孩会一点点蜕变成为成熟的女性。而我们是她们年幼时的导师，是在她们成长岁月中给予她们帮助的守护者。在抚养孩子时，我们总是既关注眼下也着眼未来。一方面，我们因和她们度过的每一天而感到高兴，另一方面，也不免会预想将来——当我们不在她们身边时，还有什么重要的事情是她们必须事先经历和学习的。

了解这些成长阶段益处多多，因为它能使我们做事有计划。我们的任务是帮助女儿成长为一位成熟的女性，而这些成长阶段可以帮我们有计划地实现这个目标，所以，让我们从一个简单的问题开始吧。

你的女儿现在几岁?

0~2 岁　2~5 岁　5~10 岁　10~14 岁　14~18 岁

有件事情很重要：如果你女儿的年龄已经过了某几个阶段，那你最好能为她已经经历过的阶段也做个评估，看看女儿在那几个阶段的成长情况。

你可以使用下一页的评分表。

做评估时，请一定按照自己当时的真实感受打分，即便你不是非常了解各阶段意味着什么。在后面的章节中，我会详细地介绍它们，但一切都要从这个评估开始。

我把这几个阶段倒了过来，你可以将它看成是一幢楼，最下面是地基。（如果你女儿不到 2 岁，那你只能给最下面一层打分，如果她是属于 2～5 岁组的，那你可以给下面两层打分，以此类推。）

请给女儿的每个成长阶段打分（5 分制），就像给你住过的旅馆打分一样。

14～18 岁	为长大成人接受培训	☐
10～14 岁	找到了自我价值	☐
5～10 岁	有了好朋友	☐
2～5 岁	有自信去探索	☐
0～2 岁	感受到了爱和安全	☐

你看出差距了吗?

在女儿的成长过程中，为了帮助她修复那些完成得不太顺利的阶段，弥补当时的遗憾，你可以做哪些事情? 人类大脑神经的可塑性（neuroplasticity）使弥补遗憾成为可能。我会在后面的章节中教你具体的做法。

请将下面的句子补全：

我认为需要努力修复的阶段是 ______________________________。

谈谈你自己

这是一个很深刻的，或许也是最重要的问题：如果你是孩子的妈妈，在你的成长过程中，上述这几个阶段是否顺利？如果你是孩子的爸爸，请回答同样的问题。

请静下心来，仔细考虑一下这个问题。这个问题会让一些读者陷入沉思，因为我们自己的童年有可能过得很不好。也正是基于这个原因，我们想成为更负责任、更合格的父母，想让女儿的童年比我们自己的更美好。如果你还记得自己童年时期那些不顺利的经历，那些自己的需求没能得到满足的时刻，那么当你的女儿遇到同样的问题时，你就会更敏锐地发现问题，并用正确的方法来帮助孩子。就本书而言，这也许是你能做的最重要的事情了。

妈妈的成长历程

在你的成长过程中，你在以下方面的需求是否得到了满足？请用5分制打分，从最下面一栏开始，然后依次向上。

14～18岁	为长大成人接受培训	☐
10～14岁	找到了自我价值	☐
5～10岁	有了好朋友	☐
2～5岁	有自信去探索	☐
0～2岁	感受到了爱和安全	☐

如果你在小时候的某个阶段没有得到很好的照顾，而此刻你的女儿正好也在经历这个阶段，那这个自我评估就会很重要。这意味着为了用

最好的方法帮助女儿顺利度过这个阶段，你需要额外的帮助。不要担心，本书会有大量的内容教你怎么做。如果此刻你清楚自己面临怎样的挑战，你就已经拥有了一个良好的开端。

爸爸的成长历程

男孩和女孩的成长阶段和年龄分组情况并不一样，但是为了简单明了，我们使用了女孩的模板。作为给爸爸的参考，这个分组是行得通的。

在你的成长过程中，下面所列的需求在多大程度上得到了满足？请用 5 分制为以下各项打分。

14～18 岁	为长大成人接受培训	□
10～14 岁	找到了自我价值	□
5～10 岁	有了好朋友	□
2～5 岁	有自信去探索	□
0～2 岁	感受到了爱和安全	□

爸爸和妈妈的成长历程

如果你们是一对夫妻，可以试试下面的练习。

请你们分别用 5 分制为自己打分，然后将你们的得分相加。

14～18 岁	为长大成人接受培训	□
10～14 岁	找到了自我价值	□
5～10 岁	有了好朋友	□
2～5 岁	有自信去探索	□
0～2 岁	感受到爱和安全	□

仔细看看你们两个的得分相加后的情况，也许你会发现你们刚好可以填补对方需求没有得到满足的方面（当然，情况也可能刚好相反）。把你们两个身上的特点组合在一起，就是现在你们家整体的心理状态。它也显示了你要努力改进的方向。只要你们两个每个阶段的总分都不低于6分，你就可以松口气了。如果你们在一个或多个阶段的得分不高，本书可以帮助你应对这种情况。

我们家需要重点关注的是____________阶段。

请放心，只要知道了差距所在，弥补起来就容易多了。在家庭生活中，最严重的问题往往来自你未察觉到的地方，这是我们无法避免的盲点。一旦你想明白了，就会有动力去寻求改变。一旦你知道该怎么办了，就会下定决心满足女儿的需求（即使你自己在过去有不满和缺失）。

“回答这些关于自己成长历程的问题时，我惊恐地意识到我的女儿在重蹈我的覆辙：居无定所，时常感到孤独，在学校没什么朋友，身边的异性伴侣也不可靠。这种状况使我醒悟并深思：“绝不能让女儿重复我的人生，我要努力让她过上更好的日子。”我已经下定决心，要生活得更积极，少争吵，保持情绪稳定。我一定要让女儿过得比我好。

罗娜（42岁）

“这一切都是因为压力。我来自贫穷的移民家庭，父母每天都忙于生计，没有空闲的时候。现在我的家庭在经济上比较宽裕了，我们可以不用活得那么累，但依然每天忙忙碌碌。这些关于自己成长历程的问题让我反思，为了让生活更幸福，我要为家庭投入更多时间，更要珍惜和家人度过的每一刻。我其实不必像小时候那样没完没了地奋斗。

达米安（31岁）

现在我们已经清楚地知道女儿的情况，是时候进入本书的正题了：培养高情商女孩。

在与朋友进行关于女孩的讨论时，你也可以将本书内容作为话题，每次只讨论一章的内容。

你们可以组建互助小组，坚持不懈，一起解决女儿的问题。借助集体的力量是养育女孩的正确做法。

A Secure and Loving Start

第一章

安全和充满爱的开端

“当你将女儿抱在怀里的时候，一切就开始了，她知道有人爱她，她很安全。而为了给女儿更多安全感，我们要先让自己有安全感。”

本章主要探讨如何帮助女儿在内心深处建立起安全感和价值感，将这些孩子童年时期最重要的事情处理好。每个人都需要安全感和价值感，因为有了它们，我们就能与世界为友、与人为友，同时自己还能活得轻松自在。

孩童时期是建立安全感和价值感的最佳阶段，虽然建立安全感和价值感在任何时候都不算晚。

父母若能注重帮助女儿建立安全感和价值感，哪怕不是时时刻刻都这样，那么即使在父母去世很久以后，温馨的记忆也会伴随孩子终生。当她长大遇到困难的时候，这些记忆就是她力量的源泉。当然，成年人可能会不以为然，毕竟成人的世界充满了紧张和压力，人们整天疲于奔命，力争上游。但和婴儿或幼童在一起时，重心一定要改变。我们能为孩子做的最宝贵的事情其实很简单：提供平和安宁的环境。

想象一下自己是一个小婴儿，被人温柔地抱着，仰面就能看到微笑的脸庞，试着体会一下这种感受并沉浸其中。想象一下，抱着你的人将满腔爱意和关心都倾注在你的身上，对你悉心呵护。你什么都不用做，什么都不用证明，心中没有一丝恐惧。你给父母带来快乐，他们爱你，满足你的任何需要。你非常安全。

想象这种感受，用心去体会。这种感受来自何方？它是一种什么样的感受？

这正是我们希望孩子初临人世就拥有的感受。

女儿的这种感受只能来自你——孩子的父亲或母亲，当然，我们希望别的爱孩子并乐意表现出来的亲友也能给孩子这种感受。

如何给孩子安全感

当女儿呜咽时，用眼神表达对你的笑容的期盼时，爬过或跌跌撞撞穿过草坪或地板，然后又急急忙忙重回你的怀抱时，她的小脑袋瓜里一直萦绕着下面的问题："爸爸妈妈爱我吗？我安全吗？"这些问题对孩子来说非常重要。而这个问题的答案取决于孩子的妈妈（还有爸爸及其他看护者）是否感觉自己是安全的、能得到帮助的、没有受到外界压力的。这个问题的答案也取决于妈妈周围的人（伴侣、孩子的祖辈，以及妈妈的邻居和朋友）是否关心和爱护妈妈，只有妈妈自己得到了关心和爱护，她才能将同样的东西传递给孩子。这个问题的答案还取决于妈妈在自己的生活中是否拥有温暖和安全的记忆，即使童年时期缺乏，后来拥有了也不迟。出于非常实际的原因，小婴儿需要被爱的感觉，因为这意味着有人会照料她，给她喂食，安抚她，给她清洗，保证她的安全，和她讲话，为她唱歌，陪她玩耍。这些都需要投入时间，而且是大量的时间。这些还需要大人自己是成熟的，能做出牺牲，会将小婴儿的需求置于首位。爱不仅表达亲密的感觉，而且具有能量，是帮助妈妈完成育儿事业的巨大的力量源泉，所以妈妈需要以正确的方式开启爱的旅程。

下面的调查表用以调查妈妈在孩子小时候的状态。请就每一项打分（5 分是"非常"，1 分是"几乎不"）。打分时请仔细斟酌，不要着急。

当你的女儿不到两岁时：

□ 1. 你的生活轻松吗？

□ 2. 你的伴侣有多支持你？

□ 3. 你有物质（房子、金钱、医疗保险）上的安全感吗？

□ 4. 你周围的人（孩子的祖辈，以及你的邻居和朋友）有多支持你？

□ 5. 对育儿这项任务，你的表现是冷静、淡定，还是本能地感到紧张、神经质或焦虑？请在下面对应的分数上画圈。

非常紧张恐惧　1　2　3　4　5　非常放松

将以上各问题的得分相加，你的总分是＿＿＿＿＿。

如果得分不到 10 分，说明你压力很大；如果得分在 15 分左右，说明情况还不错；如果得分超过 20 分，那就太棒了。

对本书的许多读者来说，上述调查表的分数多多少少会是一个打击，因为一直以来，在现代社会生儿育女都意味着自己要承担巨大的压力。有的读者可能物质条件不错，但精神上很焦虑；有的精神上无忧，但物质条件很差；还有的读者在精神上和物质上都存在问题。

还有一种情况，即有可能这个调查表不适用于你的情况。有时的确如此。在孩子出生的第一年里，你的情况非常糟糕：没人帮忙，没多少钱，没有倾诉的对象，自己在童年时也缺乏来自亲人的关爱，仅仅出于对孩子强烈的爱和身为母亲的责任感，你精心照料女儿，她的种种需求都得到了回应，你自己也心平气和。这种情况是值得庆贺的，你可以对自己说："尽管困难重重，自身境遇糟糕透顶，但我克服困难了，我的女儿在爱中成长。"若是这样，请接受我们的无限崇敬。

如果无论从哪种角度来说，你都觉得初为人母时的感觉不是很好，那也不要责怪自己和别人。接受这个现实：在女儿年幼时，自己的家庭的确面临着很大的压力，自己的负担很重，这也是出现在女儿身上的某些问题的原因。当然，你还是能够做一些事情来补救的，但你先要对自己的实际情况有一个真实的评估。

如果你的女儿觉得自己没有得到足够的爱和安全感，那么即使她已经 10 岁或 16 岁了，解决女儿的这个婴儿时期遗留的问题仍然是你的当务之急。可能孩我们的女儿是收养的。我们把女儿抱回家时，她才 1 岁。她在婴儿期过得怎么样，我们完全不知道，我们猜那段时期肯定好不了。她在成长的过程中问题不断，但我们还是耐心地、一如既往地爱她，我们知道她需要确确实实感到安心，需要大量的拥抱，需要生活规律和大量的训练。我们在史蒂夫的书中曾经读到，孩子在 13 岁时会“重回”婴儿期，或出现第二个婴儿期。在这个时候，孩子对爱和情感的接受度更高，所以我们在这个时期竭尽全力地爱她、宠她。到 14 岁时，她已经完全走出了之前的状态，并顺利成长起来。她还是会常常感到紧张，但我想，一切都在变好。

马克（48 岁），艾米（42 岁）

在女儿 1 岁时，我不得不离开中国，到美国学习一年。我把她托付给我的婆婆。当我回到中国的时候，她很认生，我们母女之间的关系时亲时疏。孩子和奶奶相处得很好，却不能够继续待在奶奶家了。我不确定自己在事业上的追求是否对她有益，但我真心希望能有机会弥补她这段时间的情感缺失。

关音（38 岁）

子每天都需要你的拥抱，需要和你两个人安安静静地待在一起，这样她的自主神经系统才不会紊乱，从她很小的时候就经常出现的各种“严重不适”才会消失。

喜欢孩子是一种很自然的感情——人体内的催产素使我们一看到孩子，心就像化开了似的，态度也不由得温柔起来，但这并不是说每个人天生都有一颗关爱孩子的心。关爱孩子的情感和将其以正确的方式付诸实践的能力不是天生的，是需要后天学习培养的。如果我们从未见过或体验过爱的正确表达方式，在向自己的女儿表达爱时就会感到紧张和不知所措。有的年轻父母对自己的小女儿会没有任何感觉，对他们来说，一切必须从慢慢了解孩子开始，而且他们还需要外界的帮助。

如今，几乎每个人在爱的能力方面都多少有所欠缺，但你无须担心，因为爱就像火，一旦点着，自己就会燃烧。

有两件事可以提高家庭成员的爱的能力。为此，你要做到：

1. 让你的世界慢下来。

2. 融入爱河。

下面我们就来讨论一下它们的具体含义。

爱的奥秘是慢一点，再慢一点

每次给父母们做演讲时，我总是注意观察，仔细聆听。我的建议有些会让他们陷入沉思，有些会使他们放声大笑，还有些会得到所有在场人士的赞同——他们会附和：“是啊，说得太对了！”“匆匆忙忙是爱的大敌”这一观点得到了大家的一致赞同。

如果你每天都过得匆匆忙忙的，那么你和家人的关系势必越来越不和谐，长此以往，亲人之间的温情与和睦会消失，你和家人甚至会变得彼此疏远。夫妻间会闹矛盾，父母和子女会互相厌恶。亲情虽然还在，但会因为不和谐的因素而越来越淡。这样一来，你就会事事不顺。重新找回曾经的亲密感觉、理解彼此的感受需要花费时间。如果家里有孩子（特别是在孩子还小的情况下），为了能更好地爱家人，让自己放缓生活节奏是很重要的。

若想父母和子女之间（以及父母之间）有爱存在，大家先要安下心来，向自己也向家人敞开心扉。

人与人之间产生联结这件事是没有时间限制的，它有自己的规则。静下心来，深呼吸，放松肩膀，坐下……这时，你会感觉很自在（有时你会意识到自己饿了，或者想去趟厕所，或者发现某个东西需要修理了），然后你才能很好地应对家里的婴儿或幼儿，又或是再大一些的孩子。只有自己感觉轻松了，你才能向孩子施以援手。也许此刻孩子心烦、焦虑，需要关爱和帮助，需要向他人倾诉。

只有你自己感觉良好，时间又充裕，他们的烦忧才不会影响你的情绪。这样，你才会关心他们，并乐于帮助他们。

你需要用语言和肢体接触使孩子感到安心。一旦他们感受到你内心的平静，他们也会变得平静下来。（婴儿和幼儿不能调控自己的情绪。在一天中，他们可能会多次因为各种不适而“大发脾气”，例如周围出现噪声、家里来了生人、不小心摔了一跤或受了点伤、不开心、愿望落空，或者其他莫名其妙的原因。遇到这种情况，作为父母，我们能做的就是抚慰孩子，耐心地抱着他们，让他们消消气，平静下来，自己摆脱这种不良情绪。父母这样坚持几年后，孩子就会在头脑中形成定式，自己寻求使自己平静下来的途径。）如果孩子已经会说话了，你与他交流起来就会更容易：你可以让他把自己的烦恼说出来，或者为他提供实际的帮助，同样要注意的是，一定要保持平静和耐心。你要让孩子感觉到父母的爱，

我发现自己有一个特点——我心里总是感到很紧张。有一次我突然想，在做事情的时候，即使是需要赶快完成的事情，我能否平心静气、以积极的态度去应对？慢慢地，我意识到自己是完全可以这样做的。我们只要特别留心并且刻意培养这种心态，就能够达到既高效做事又不心浮气躁的状态（至少在短时间内可以）。我们不必总是感到压力重重，甚至成为负面情绪的牺牲品。既有工作效率，同时又能保持心情愉快，这种感觉好极了。在心情紧张、心浮气躁时，最好什么也不做，闲着就好。

塞丽娜（40岁）

使他们觉得即使不调皮捣蛋也能得到爸爸妈妈的关注。

但这意味着你必须慢下来。要做到这一点可不容易，因为成人世界没机会放缓节奏——排得满满的时间表、待付的账单、工作、约会、进修学习和社交聚餐，一样都少不了。生活迫使你去赚钱，买一些你不需要的东西，忙于各种各样的提升自我的活动，整天奔波在送孩子上课和参加体育活动的路上。生活这么麻烦，令你没有什么喘息的机会，你哪有时间放缓节奏呢？但是，你难道没有觉察到吗？在急急忙忙的状态下，事情往往进行得并不顺利。

所以你需要回答一个非常重要的问题：自己是不是太忙碌了？请在下面最能准确描述你的感受的句子前打钩。

☐ 1. 是的，但为了生存，我不得不这样。

☐ 2. 是的，但我想有所改变。

☐ 3. 我有时真的都快忙疯了，但总体而言，会有喘息的时候。

☐ 4. 我已经做出了调整，生活节奏没有以前那么紧张了。我现在感觉很好。

总而言之，培养爱的情感需要时间。对成年人来说，一见钟情毕竟罕见，即使是面对可爱无比的小婴儿，情况也是如此。爱是相互的，付出和回报是成正比的。所以，我们要勇于尝试，尊重对方，做出调整以互相适应。即使相爱了，心灵的联结也会有变化，需要维护——我们要在每次见面时都表达自己的爱意，无论是夫妻之间，还是父母和子女之间，在各自忙碌一天之后，晚上回家见面时，都应如此。

现代家庭匆匆忙忙的生活模式意味着家庭成员之间高质量的交流越来越少了。如果这种情况持续下去，过不了多久，你们就会变成同一屋檐下的陌生人。几乎每对夫妻都遇到过这种因忙碌而产生的疏离，这使人感到孤独和痛苦。你必须不惜代价，在家庭生活中多花些时间，弥补以往的遗憾。相比代价高昂的离婚，带孩子去看精神科医生和十几岁的孩子沾染恶习麻醉自己这类结果，在家庭生活中多花些时间显然是更好的选择（青少年沾染恶习不一定和家庭贫困这类原因有关，但肯定和缺乏父母的关爱有关）。

有时，你必须放缓节奏来“重新凝聚你的家庭”，让家人互相尊重和关爱。对于已经沾染了一些恶习的十几岁的孩子，你要和他建立感情，因为心理疏导比简单的管教更有效果；对时间安排过于紧张的学龄期孩子，你要帮助他做出调整，保持身心健康；对于年龄还小的孩子，你要多带他出去好好地玩耍，使他更快乐地成长。去弥补那些逝去的时光吧，尽力使自己的家庭重新变得和睦。

为了实现上文提到的目标，你也许需要其他家庭成员的帮助。你可以和家里人认真讨论一下，根据实际情况，为了改变当下匆忙的状态，有哪些事情是你们可以干脆放弃或不用理会的。

你是否曾有意识地做些事情来放缓生活节奏？

____

____

你觉得此刻你的家庭需要这些吗？

____

____

爱是一条缓缓流淌的河

有时候，从无爱的环境中培养出爱是不可能的事情。如果家里每个人都缺乏爱，就无法填补彼此对爱的渴求，这就是问题所在。如果你的生活走到了这一步，你就得想别的办法了。你必须要融入“爱”这条缓缓流淌的河。

每个人都离不开周围人的支持帮助。几百万年以来，我们的祖先一直都互相关爱，互相帮助，以大家族或几十人组成的部落的形式生活。所以在组建家庭的时候，找到自己的“族群”很重要，这会在你成家后对你有所帮助。父母之间要互相关爱，这样他们才能将爱传递给孩子。

如果你已经有了孩子，特别是感到当爸爸或妈妈太不容易，那你一定要找

“我的父母很爱我，但脾气都不太好。他们小时候经历过“二战”，但那时，他们身边有亲戚和朋友。可是后来，我们移民到了澳大利亚，他们背井离乡，失去了亲戚和朋友的支持。他们虽然在物质上什么都不缺，但精神上非常寂寞孤独。像别的移民一样，他们已经在情感上“干涸”了。我不得不自救，以获得爱的能力。年轻的时候，有那么大概 10 年的时间，我经常和善良年长的人待在一起，这样才觉得能在世上轻松自在地活着，后来也才有勇气去成为别人的父亲。

威尔（62 岁）

几个善良的人，向他们倾诉并寻求鼓励。我还记得自己初为人父的时候，有时苦恼得跑到附近的游乐场，碰到谁就向谁请教。有时候，这个能帮你的人最好年纪比你大，比较温和，不那么严苛。你可以向邻居、同事请教，也可以通过专业咨询、父母互助小组和课程之类的更正规的渠道，接触那些有爱心的人，并向他们请教和学习。为了成为好爸爸和好妈妈，接受他们的帮助是必须的。

你怎样描述现阶段自己的社交活动？在下列最符合你的情况的句子前打钩。

☐ 1. 我总是独来独往，没人认识我，也没人关心我。

☐ 2. 我不想独来独往，需要别人的关怀，却不知该如何行动。

☐ 3. 我开始尝试着去交友，并向那些愿意提供帮助的人求助。

☐ 4. 我现在和别人的交往很多，觉得这样很有益处。

☐ 5. 我从小的情感需求都得到了充分满足，现在很高兴能为年轻的父母提供帮助。我用从父母那里得到的爱的能力去爱别人，并乐在其中。

在你的生活中，谁能给你提供更多的支持、安慰、鼓励和帮助？

____

你能直接告诉他们你需要他们的支持、安慰、鼓励和帮助吗？

____

怎样才能从周围的人那里得到更多的支持？

____

周围是否有你可以随时依靠的人？哪怕只有一个也行。

____

如果你已经是比较有经验的父母了，你是否可以给予身边年轻的爸爸妈妈帮助和鼓励呢？如果可以，那你准备怎么做呢？

____

我是一个极其孤僻的人，而且总是搬家。我不信任任何人，也不擅长交友，有那么一两次，我试着去和别人做朋友，结果却被人欺负、占便宜。但有了孩子后，我意识到自己必须振作起来。幸运的是，我遇到的别的父母都很好。孩子为我提供了很好的交友机会。

唐娜（22 岁）

如果你能做到以上两点，即将更多的时间投入家庭，并找到善良的人，向他们寻求帮助，那么你女儿在生命的最初两年会过得顺利很多。在女儿成长的任何阶段，这样做都有助于你给她更多的爱，加强你们之间的情感联系。

如果错过了女儿两岁前的成长期该怎么办

可能你女儿的年龄已经超过两岁，在做本书开头那些女儿成长历程的问答题时，你注意到她的这个阶段的得分不是很高。若真是这样，你也不必烦恼。孩子身上有一种了不起的特质，那就是他们会给父母很多的机会。如果他们成长过程中的某个阶段不是很顺利，那么孩子会在潜意识中察觉到，并在日常生活中以一些特定的行为来表明他们需要父母的帮助。比如，孩子常常通过调皮捣蛋、和父母争吵、在外面惹是生非来向爸爸妈妈传递信息——自己需要大人的“关注”。如果遇到这些情况，父母可以参考下面的这些建议。

在《快乐童年的秘密》一书中，我解释了在孩子大约 12 岁的时候，他们怎样开始出现第二婴儿期（我的讲座也对此有所涉及）。这是由青少年神经发育的特点和大脑中的神经元根据“用进废退”原则进入修剪阶段而引发的，后者标志着青春期的开始。（生理的成年期和大脑的成年期不总是同步的。由于环境因素的影响，如今，身体发育比以前提前了很多，而大脑成年在孩子大约 12 岁时才出现。）

大脑成年期对人的一生影响巨大，在 12～18 岁（男孩子持续的时间更长），孩子会重新经历成长的各个阶段。这种情况给父母提供了绝佳的机会，来修复以前在孩子的这些成长阶段所犯的错误。这里有个简单的算法，父母将孩子现在的年龄减去 12，就能准确得知他将重新经历哪个成长阶段。许许多多 13 岁的孩子都表现得像个小宝宝——他们感到困惑，有些失落，但同时也容易向父母敞开心扉。父母可以借此机会好好呵护孩子，拥抱他们，为他们多做些好吃的，安抚他们，孩子很乐意接受父母这样的做法。

14 岁的孩子会再一次经历“可怕的两岁”阶段，父母需要保持幽默感，但同时要有底线，不要让孩子逼得你发怒或说吓唬孩子的话（爸爸要特别注意）。

尽管孩子的实际年龄在增长，但他们中许多人在心理上会停留在某个成长阶段，而那个阶段就是他们以前需求没有得到充分满足的阶段。孩子会停滞不前，直到父母能觉察到并为他们提供那些缺失的东西。最重要的事情是，父母有了第二次（第三次、第四次，甚至更多）机会来靠近孩子，弥补他们心灵的空洞。这样一来，原本胆小羞怯的孩子，经过父母的鼓励，会逐渐变得敢于冒险，而且会从中得到乐趣，会放松下来，成为不再总是循规蹈矩，而是敢于表达自己观点的孩子。原本不擅交友的孩子会向父母倾诉自己这方面的烦恼，并想办法学习如何与别人打交道。原本没有安全感的孩子会开始相信别人，变得从容起来。拿出勇气，运用智慧，父母总是能弥补过去的遗憾。后面的章节中会有更多与此相关的内容。

小结

- 不到两岁的小孩子最需要的是能够感受到爱和安全。为了让孩子真正安心，父母必须自己先拥有安全感。你若做到以下两点，就能给自己的女儿提供更多的爱。

  1. 放慢生活节奏，让亲子之爱有足够的时间萌芽开花。

  2. 多花时间和对你友善的人待在一起，这样你的内心才能充满爱，你才能将更多的爱传递给你的孩子。

- 即使女儿已经是个“大孩子”了，你也可以放慢生活节奏，温柔、充满爱心地对待她，给她带来安全感。而这种安全感是她以前没能得到的。

The Chance to be Wild and Time to be a Child

第二章

让孩子成为孩子

“即使只有两岁，女孩也受到社会的许多限制，我们的责任是鼓励女儿要有冒险精神、要勇敢，帮助她们保持天然的个性。对那些妄图偷走她们童年的力量，我们要毫不犹豫地抵制。”

丫头，你可别长那么快

如今，在世界的任何角落，只要妈妈们聚在一起谈论自己的女儿，我敢肯定，不到三分钟，你准会听到她们说："孩子们长得太快了！"这些妈妈的感受不是长期以来父母都有的感受，不是那种不知不觉间孩子就长大成人、要离开我们的感受，而是一种新的、更让人担忧的体验。仅仅几十年间，各种新的力量使许多孩子的童年戛然而止，这种事情前所未有。

实际上，女孩子的童年被缩短了至少 5 年，甚至更多。无论在哪里，都很容易发现这种现象所带来的结果：有的女孩只有十二三岁，却俨然一副成年人的样子，已经开始有意识地浓妆艳抹，穿着单薄，也不怕着凉得肺炎。除此之外，她们非常在意男孩子对自己的评价。处于这种状态的女孩是没有什么幸福和自由可言的。

到处都能听到父母们的抱怨："女儿只有 14 岁，看着却像 18 岁。"考虑到那 4 年间女孩的大脑会经历的巨大变化，以及在此期间所有的学习过程（正常的孩子从 14 岁长到 18 岁会发生很大的变化），提前成熟肯定会带来问题。

让我们回忆一下自己十几岁时的样子。18 岁的我们开始在许多事情上做出选择，例如性、饮酒、自己的安全等等。这些问题都不简单，不容易。人生第一次，我们脱离了亲朋好友组成的安全网，遇到讨厌甚至无耻之人，而且还要学着如何和这类人打交道。对我们来说，这都不是容易的事情。即使对真正 18 岁的人来说，18 岁也不是能轻松度过的年纪，更别说 14 岁的女孩了（现如今，更有可能是仅仅 12 岁的孩子）。她们心智尚未成熟，在对情感和思想的认知方面缺乏经验。她们表面上的自信其实不过是虚张声势，她们的大脑还需要时间去进一步发育。在面临上述问题时，她们很可能无法做出正确的选择，结果在这个年龄段使自己的生活变得一团糟。

有一点要明确——大部分的女孩都会顺利长大。有了我们的帮助和支持，她们可以战胜社会上的性别歧视，成长为坚强美好的女性。3/5 的女孩子都会顺利成长，1/5 的孩子没有那么幸运，她们的成长经历会充满坎坷，成年后的生活也会受到很大的负面影响，而剩下的 1/5 的女孩会遭遇一些成长危机，但只要父母不放弃，采取正确的措施来帮助女儿，她们就可以渡过难关。当然，在此过程中，她们会遇到很多麻烦，有太多困难需要克服。

女孩当自强！这个观念一定要深深根植在女孩的内心，成为她性格的组成部分。女孩要相信自己的感觉和本能，要对自己的身体充满信心，不要着急，要慢慢地长大，一点一点获得各种能力，无论是智力上的，还是身体上的。在人类长达几百万年的发展史上，能力都是一点点积累而来的。2～5 岁这个阶段是培养孩子坚韧性的最佳时期。我们应该在这个阶段及时播下种子，让孩子自由自在地玩乐，做她这个年纪的孩子应该做的事情，而不是拔苗助长，陶醉于虚假成熟的幻境中。所以还是那句话，慢慢长，才能长得壮。

你曾经有过的自由和童真

20多岁或30多岁的年轻父母，都经历过青少年时期的种种变化。过去的并不一定就是好的。重要的是，父母应通过回忆自身的经历，来思考如何养育女儿。

你几岁时是最自由快乐的？

____

有什么事情让你感到自由快乐？

____

____

____

为了让你快乐和自由，你周围的人都做过什么事情？

____

____

____

你是否有一个时期，感觉不快乐、不自由？如果有，是几岁的时候？

____

你感到不快乐和不自由的原因是什么？

____

____

____

有哪些事情，周围的人本可以为你做，却没有做呢？

____

也许回答这些问题会使你想到以前一些痛苦和艰难的时期，如果真的如此，就请你深呼吸，放轻松，提醒自己那些都已经是往事了，你已经不再是当初的你，已经坚强地熬过来了，并且成了有爱心和关心子女成长的好妈妈（好爸爸），一心一意想使自己女儿的童年更快乐、更自由。也许，你会发觉那些将你成功抚养长大的亲人实在是了不起，那么你的感恩之情会更加浓厚。

要想成为善解人意的父母，最有效的方法莫过于回忆一下自己的童年是如何度过的。这样一来，你就能更清楚自己的女儿需要什么样的父母。

让灵魂勇往直前

女孩的童年可以是非常棒的，不要轻易降低你的期望值，这一点非常重要。女孩的童年——在青春期到来之前的时光——可以是她整个人生中一段最精彩的篇章。在这个时期，她们可以不用为男孩的事情烦恼，甚至可以对男孩全然不顾，她们自由自在，勇于行动，富有创造力，不惧别人的眼光，热爱动物和大自然，和男孩子或女孩子都能在一起玩，和自己的父母也能愉快相处。我们真希望这样的时光能永远持续下去。仔细想想，这个愿望难道不能实现吗?

为了实现这个愿望，有两件事情父母必须做到。第一，对孩子勇于探索和无拘无束的天性要多加鼓励。这样，这些可贵的特质才能被保持，伴随她终生。第二，对那些近几年冒出来的不利于女孩子成长的信息，父母要设法屏蔽。这意味着父母要精心选择孩子接触的媒体信息，甚至要对自己的言行举止多加注意，因为孩子会在不知不觉间受到媒体信息和父母言行的影响（有时，不良媒体信息甚至会先影响到女孩的母亲）。做到这两点（“鼓励”和“屏蔽”），父母就能为女儿未来成为坚强幸福的女性创造条件。

在女孩子 2～5 岁时，父母就应该开始鼓励她们保持勇于探索和无拘无束的天性了。但即使已经过了这个阶段，父母花费精力弥补，也为时不晚。还记得在本书刚开始时，有一个让你回顾孩子的成长经历的互动练习吗？如果你给女儿某个成长阶段的评分是 3 分，甚至更低，别担心，在孩子 8 岁、14 岁，或者更大一些的时候，你还可以做很多事来帮助孩子重新找回她强烈的“无拘无束”的生命感受。

实际上，爸爸妈妈也可以采取一些措施，重拾自己童年时“无拘无束”的生命感受，成为真正快乐幸福的父母，并让女儿效仿自己，一家人一起变得快乐幸福。

现在请你做一个评估，看看你的女儿是否善于探索、热爱冒险、沉着自信。你会发现我们将两种冒险形式结合了起来：一种是在外部世界中有形的冒险行为，另一种则是在创造力和心理自由方面的冒险精神。当然，二者兼备是最好的。

在最符合你女儿的描述前打钩。

☐ 1. 她经常焦虑，有轻微的洁癖，并且不太爱说话。她玩平板电脑时最开心，因为这种娱乐方式不会弄脏她的衣服。

☐ 2. 她会做些有创意或冒险的事情，但只是偶尔。

☐ 3. 她喜欢玩耍，不管是在户外还是在室内。她玩起来吵吵闹闹的，会把东西弄乱，并且喜欢冒险。

☐ 4. 我们有三天没看到她了，但是每到日落时，她都会在山脊上发出一个烟雾信号，这样我们就知道她一切都好。

榜样的作用也要考虑进去，所以我们得再问你一个问题：你小时候的情况是怎样的?

☐ 1. 我经常焦虑，有轻微的洁癖，并且不太爱说话。我做过刺绣，但是只会比较简单的针法。

☐ 2. 有时我会做些有创意或冒险的事情，但这往往会给我带来麻烦。

☐ 3. 我喜欢玩耍吵闹，把东西弄乱，我还有过很多冒险经历。

☐ 4. 7 岁时，我搭便车去全国各地旅行，还把这段经历写成了一本名为《卡车司机是我的朋友》的书。

（请注意，这并不意味着每个女孩或男孩都应该是吵吵闹闹、活泼好动的。有些女孩天生更为安静，更喜欢需要耐心和细心的活动，这也很好。关键在于，她们感到自由吗？她们的灵魂是勇往直前，还是畏缩不前？）

2～5 岁的女孩的可塑性很强，所以父母在考虑这段时期要教她们什么时，要多动脑筋。虽然很多时候我们都觉察不到性别歧视的存在，但它还是大行其道。原因在于，相比于男孩子，我们提供给女孩子的生长空间太狭窄了，限制和禁忌太多。我们要求女孩子干净整洁、文静有礼、学业出众，还要能歌善舞。我们把她们精心培养成一个个看起来思想保守、聪明好学、听话懂事的小机器，却理解不了为何她们在中学阶段会突然变成焦虑、酗酒，甚至有自残倾向的问题女孩。

英国的学校对上述问题没有什么作为，因为政客（而非教育家）已经将考试和各种各样完全没必要的压力强加在孩子们身上，即使是学前班和幼儿园的孩子也不放过。除了在学校要出人头地，孩子们在家里也不得轻松，他们会觉得事事都要争第一。这样的社会实在是太不可理喻了。竞争不是生活的主题。即便竞争是成人世界的主题，孩子在 7 岁之前也应被允许尽情玩耍，这样他长大后会更聪明、坚强，拥有更发达的感知系统，更热爱学习。

放弃追求完美

针对女孩子日益加剧的追求完美的倾向，英国作家奥利弗·詹姆斯和美国作家乔安·迪克都曾表达过深深的担忧（本书的延伸阅读部分有提到后者的作品）。她们担心孩子们对自己的表现越来越追求完美，也可以说，她们担心这些孩子表现好得过了头。从小学阶段开始，女孩子就在成绩、外貌、行为举止和体育运动等各个方面不甘人后。如此一来，等到十几岁的时候，她们甚至会因为过分追求体形完美而牺牲身体健康，通过节食和过量运动来控制体重。这种行为最终很可能会导致精神崩溃。

新的研究有了令人震惊的发现——现代社会那些最焦虑不安的女孩往往来自

富裕家庭，她们的父母通常受过良好的教育。实际上，很多人担心学业出众反倒会成为女孩成功的绊脚石，使她们在年纪轻轻时就郁郁寡欢。

长期以来，我们认为在早期教育阶段，相比女孩子，男孩子都处在下风，因为他们不能忍受端端正正坐在教室里听课。而且，他们的大脑发育比女孩子慢，所以在阅读和写作技巧方面也稍逊一筹。实际上，女孩子很可能是这种现象的受害者。因为女孩子在学校表现“好”，她们就可能会更加坚信自己要争取更多的“好”，这样想不是出于她们的本性或因为这就是她们真正热衷的事情，而是因为老师和父母希望她们这样。进而，女孩子会认为她们的幸福来自别人的肯定。心理学家将这称为外控型人格。所以，对于6岁以下的女孩子，家长千万不要急着让她们接受正式教育，而是要由着孩子的天性，让她们自主玩耍，使她们成为积极主动、富有创造性的学习者。

在这个年龄段，你的女儿需要自由，需要无拘无束地去探索美丽的大千世界。她们要在这个过程中获得安全畅游的能力。当然，“自由”并不是任性妄为、自私自利、不善待他人、粗心大意、做事鲁莽（不顾自身安全）。在这方面，父母一定要为女儿严格把关。我们相信，通过玩耍、和世界直接接触，女孩的智力会增长、技能会更熟练，她们的力量、自信、智慧和内心的平静会油然产生。你需要让女儿过上富有探索精神的生活（无论是内在意义上还是外在意义上），即女权主义者所说的：“女孩完全可以走天下。”

走进神奇的大自然

几年前，出现了一件有意思的事情，有两本书同时出版，书名一模一样，都叫《走出荒野》（*Wild*）。

其中一本讲述了一个真实的故事，后来被改编成了电影。这个故事的主角是一个年轻的美国女人，她乱交、吸毒、自暴自弃、严重缺乏安全感。这个女人的名字很好听，叫谢丽尔·斯特雷德。因为妈妈突然离世，她大受打击，自暴自弃，堕落放荡，差点因此丧命。最终她决定振作起来，采取自救的措施，但她没有去接受治疗，而是选择沿着几千千米长的美国太平洋山脊步道长途跋涉，以治愈自己的心理创伤。最终，她成功了。

另外一本书是一位非常出色的英国女作家的作品。在书中，杰伊·格里菲斯描述了在荒野生存的重要性。她认为这种经历会让你远离由城市、楼房、电器、截止日期等这些大自然中不存在的、毫无生气的东西构成的生活和环境，充实你的心灵。为了写作，格里菲斯曾行走在世界各地，和原住民住在一起。后来，她又写了一本书，名叫《朋友》（*Kith*）。在这本书中，她认为孩子需要自己的领地，自己的小地盘，一个既有家庭温暖又有自然气息的地方。在这里，他们可以随心所欲地漫游。有了这样一个安放心灵的地方，孩子的幸福快乐就有了保障。为孩子提供这样一个地方可不是一件容易的事情，因为如今我们时常在不同的城市之间迁徙，家也安在高楼之上。

这几本书的价值不是简单几句话就能概括的，它们因包含鲜明的观点而受到广泛好评。这些书向我们传达的信息是，女人是可以挣脱枷锁、自由生活的，而女孩则一开始就不要接受任何束缚。

关于孩子，父母需要明白的最重要的一点是，孩子是自然的孩子。为了她的身心健康，为了最大程度开发她的潜能，女孩必须保持自然的样子。女孩在一两岁的时候就已经完全可以走出家门，去探索大自然了。这时父母要鼓励女儿用嘴品尝、用四肢攀爬、用工具去刺戳，让她去追赶小蜥蜴、收集羽毛、用树枝搭建小房子，感受自己内心深处淘气的一面（对，我说的就是“淘气”）。这些活动可不是她童年时期所谓正经事之外的消遣和愉快的序曲，这些就是她童年的正经事。人类的眼睛、耳朵、双手、双脚，还有大脑，都需要复杂和丰富的感官世界的刺激，而只有神奇的大自然能提供这些刺激。粗糙的大地能使我们的腿脚更加强壮，头脑更加灵活。

请注意，我想要说的不是孩子待在室外就能健康成长，而是在丰富的自然环境中，孩子的感官能更好地发育，孩子能更加耳聪目明。举个例子，一般孩子的视力是 1.0，但也可以提高到 2.0 的水平，实际上，孩子可能会在嗅觉、听力、触觉和感觉意识（sensorimotor awareness）等方面发育得更好。若是这样，你女儿大脑的整体感知能力会更强，对周围的环境更加敏感。世界上很多杰出的思想家和研究者在童年时就徜徉在大自然中，结果他们的大脑异于常人，思考能力出类拔萃。

打破关于女孩的刻板印象

过去，人们心目中理想的女孩子总是干净整洁、漂亮、温顺。虽然时代进步，观念也更新了，但现在似乎还是有人坚持干净、整洁、文静才是女孩子该有的样子。实际上，在如今这个疯狂的消费时代，新的时尚潮流使女孩子的处境变得更加糟糕。如果你穿着价格昂贵的讨喜的粉红蓬蓬裙，那你是绝不会跳进泥地里玩耍的。

在我看来，“孩子”和“时装”这两个词就应该永远保持距离。给孩子穿衣的原则就是保暖、方便运动、能展现个性。没有必要为了衣着华丽而去商店精挑细选。如果你把孩子打扮得招人喜欢纯粹是为了满足大人的喜好，请适可而止吧。将一个女孩（或男孩）教育得非常在意自己的外表是得不偿失的。在一个病态地追求外在吸引力的时代，这样做简直是毒害孩子的心灵。

孩子玩什么样的玩具也是一个问题。20 世纪 50 年代深受女孩子喜爱的小锅、小洗衣机、小熨斗之类的玩具已经不见踪影了，取而代之的是戴着假睫毛、噘着嘴、穿着渔网袜的玩具娃娃，漂亮的粉红色玩具公主套装（这会让女孩幻想“总有一天我的王子会来接我”），还有给娃娃的紧身舞衣。这些无论如何也不能算是时代的进步吧。

> 我姐姐就有一个玩具熨斗。只要给它装上电池，它的指示灯就会亮，它就这么点功能。但姐姐可以用这个玩具熨斗假装熨烫衣服，看起来就像妈妈一样。

不论是男孩还是女孩，扮演一下成人的角色都没什么大不了。女孩当然可以玩做饭、盖房子、过家家，但如果大人有意识地将玩具分成男孩玩具、女孩玩具，并将它们分别摆放在商店的男孩玩具区域和女孩玩具区域，那问题就来了。

被这样专门区分的玩具简直就是强加在女孩身上的性别歧视垃圾。摒弃它们最好的办法就是（当然也包括根本就不购买这类玩具）尽早教育女孩要坚强自主。这样一来，遇到类似的事情时，她们就能对它嗤之以鼻，即便她们只是 8 岁或 14 岁的孩子。所以解决之道就是充分给女孩自由，让她们无拘无束地成长。你可以让女儿在自家后院搞艺术创作、搭搭建建，哪怕她弄得脏乱一些你也别介意；你还可以鼓励孩子用泥土、树叶捏些小玩意儿，并且自己也参与其中；你还可以和孩子一起在客厅播放音乐、蹦蹦跳跳，并邀请她们的朋友一起玩乐。孩子也可以养养宠物，像小金鱼、蝌蚪，还可以种种花草。你可以一有机会就带孩子去外面淋淋小雨，去树林里散散步，去海滩游游泳。要鼓励孩子不要太讲究干净整洁，不要拘束，要有活力、多走动。无论孩子玩得多脏，你都不要抱怨。要为孩子挑选耐脏、耐磨、防水的衣物。只要有空，就带孩子出门，去自然的环境里尽情玩乐。

下面是一个测试，用来调查你女儿在大自然中无拘无束玩耍的情况。请在符合你女儿情况的句子前打钩。

☐ 1. 我女儿不喜欢把自己弄脏，所以她很少出门玩耍。

☐ 2. 我们住在高层公寓楼的套间里，周围没什么自然环境可供孩子玩耍。

☐ 3. 我们家附近有一个花园（或公园），有时我们会带女儿去转转。

☐ 4. 只要有机会，我们就会带女儿去接触大自然，花大量时间在室外玩耍。我们还养了一只宠物。

☐ 5. 我们住在乡下，女儿整天在林子里玩耍。我给她梳头时，经常能发现头发里有小树叶。

下面是关于你女儿内心自由程度的测试。

☐ 1. 我们家很整洁。我们的目标是人要有所成就，因此自律是必要的。我们对于乱七八糟的环境的容忍度是零。

☐ 2. 我们有时会不修边幅，这样做其实感觉挺好。

☐ 3. 我们的女儿经常用颜料、纸、胶棒和别的东西把家里弄得乱糟糟的，但她非常快乐。她自己身上也经常沾到脏东西，但洗个热水澡问题就都解决了。

☐ 4. 我们的女儿最喜欢在客厅和厨房听着音乐疯狂起舞。一家人都很快乐。每次我们出去爬山，都会在山顶大声喊自己的名字。

如果上述描述只有一两条符合你女儿的情况，不要紧张。本章就是帮助你解决这类问题的。请注意，不要混淆无拘无束和混乱无序以及不守规矩。只有明确了底线和规则，孩子和家人才能保持良好关系。只有知道如何自我保护，孩子才能真正无拘无束地玩耍。请注意，家里浴室的地板上不能有猫粪，起码不要有一周都还未收拾的猫粪，特别是你家里根本就没有养猫时！

每个人都可以做到

不是每个人 7 岁时都有机会住在树林旁边、大海边，或者住在乡下，可以和朋友愉快地散步，不用担忧安全问题。想象一下，孩子点燃篝火自己烤面包吃，或者亲自动手搭建一个栖身之处，然后在黄昏时分和爸爸一起静静等待一只小獾出洞。一个孩子的童年如果能这样活跃、自由自在地度过，该是多么美好啊！你有没有想过让自己的女儿也过上这样的生活，哪怕不是全部呢？即使家在城市，你也能为孩子安排探险活动。只要努力，总是有办法让孩子接触到大自然的，哪怕只是在假期。所以，充分利用你的周末和假期吧。许多女性都记得，孩提时代第一次由父母带着去海滨游玩时的狂喜，或者和父母一起爬到山顶，举目四望，将几千米之内的景色尽收眼底的喜悦，以及风吹过头发时的惬意。

你没发现吗？这些儿时经历过的点点滴滴可以让女儿对社交媒体带来的愚蠢影响产生免疫力，哪怕不能完全免疫。她将不会对化妆特别感兴趣，也不会为自己不够性感、吸引不了男孩子感到烦恼。她不会对朋友残忍无情，也不会在 15 岁时通过不健康的途径寻求刺激。

> 我们住的地方附近有各种各样的蛇、一米长的巨蜥、会俯冲的笑翠鸟，有时还可以看见老鹰和隼。女儿可以在自家的小花园里玩树枝、树叶、卵石和奇奇怪怪的小虫子，几小时也不厌烦。女儿在玩耍时非常专心，从早到晚，玩起来没有停歇。她会不知疲倦地编故事，为各种人物配音，只有在吃饭、喝水或给我们看她的作品时，才稍停片刻。
>
> 贾丝明（37 岁）

当然，女孩最佳的无拘无束的状态是向本就拥有这一状态的父母学习的结果。如果你在孩子面前展现出自由的、有活力的本性，说笑、唱歌、跳舞、热爱自然、热爱生活，那你的女儿也会学样，认为这样的生活就像呼吸一样，是最自然不过的事情。孩子眼中的爸爸妈妈能力出众、充满爱心、能保护他人，并且无拘无束、热情奔放、不受世俗观念的影响、乐于享受当下，这会让孩子不再沉默寡言，变得活力四射。

爸爸的角色非常重要

事实证明，爸爸在培养女儿的冒险精神方面作用巨大。研究表明，爸爸在需要冒险的、运动量更大的玩乐项目上的参与度高于妈妈。他们可以带孩子去野外，参加相对危险一些的活动（这也意味着可能会有更多的意外发生，所以爸爸一定要谨慎）。爸爸带出来的女孩可能被海浪打翻过，膝盖被擦伤过。她们有更多摔跤、奔跑和攀爬的机会，还会和爸爸一起去钓鱼。爸爸可能对吃饭是否准点、午餐是否营养均衡不太关心，但只要把握分寸，这样带出来的女孩子抗压能力更强、更吃苦耐劳。更好的一点是，这样培养出来的女孩子能和异性愉快相处，以自己的方式结交男孩子。所以爸爸们，和自己的女儿一起做点儿什么吧（对于这一点，本书会有完整的一章内容详细介绍）。

将不良信息拒之门外

小孩子对周围的世界非常敏感，这一点真是不可思议，所以我们对涌进家门的媒体信息一定要保持警惕。这些信息随处可见，遍布电视节目、杂志、大街、橱窗和购物中心。其中有些广告可能会对我们的女儿带来影响，还有些广告的目

“在我们的女儿还不到 3 岁的时候，有一天傍晚，她在客厅电视机前的地毯上玩耍，而我们正坐着聊天。女儿突然吐字清晰地大声说：“这太好了！那位女士的丈夫现在会更爱她了，因为她变苗条了。”原来她这会儿没在玩，而是抬头看起了电视。我们夫妻俩几乎同时起身，冲过去把电视关了，但又想使自己的举动显得不那么刻意。这种感觉太怪异了。澳大利亚电视上播放的瘦身产品广告形象地展示了胖子因为突然变瘦而一脸幸福的样子。我们还在学步的女儿接收了全部的信息——被爱等同于瘦，女人等同于修饰，婚姻等同于生活目标。

琼（33 岁），丹尼尔（33 岁）

“有一次，我正在为第二天外出挑选衣服，像往常一样，两岁的女儿就在身边看着。我选了一条紧身、高腰的黑色牛仔裤，就是那种你得使点劲才能提上去的裤子。我无意间瞥见我那金发碧眼的小姑娘也在对着镜子摇晃身子，扭着头呆呆地盯着她那裹着尿不湿的屁股，一副“我穿这条裤子，屁股显得太大了”的表情！看到这一幕，我惊呆了，差点喊出声来。

克莱尔（39 岁）

标定位就是小姑娘。无论是哪种，其传递的信息对女孩的心理健康和她们自我形象的建立都毫无益处。父母要严格把关，将这些对孩子成长不利的东西拒之门外。到女儿长大一些的时候，父母还应教她们怎样识别哪些信息是针对她们的不良信息。我们要做孩子的守卫者，直到她们自己有能力与这些有害的信息做斗争。

大概 15 年前，许多企业开始将魔爪伸向了女孩。市场营销人员意识到这是一个尚未被开发的群体，而这个群体又是世界上最没有抵抗力的营销目标。大企业经常雇用儿童心理专家，向他们请教扩大销售的方法。如果需要的话，他们甚至不惜采用会对儿童造成伤害的方法。没错，某些烟草公司以及一些同样缺乏良知的大公司，都曾雇用心理学家来帮助它们推销产品。有了所谓科学撑腰，它们就更肆无忌惮了。在有些不发达国家，无良企业让十几岁的孩子穿上时髦的衣服和看起来价值不菲的运动鞋，然后又让这些孩子走上街头给别的孩子分发免费香烟。而这些无良企业根本就不担心这些香烟的焦油含量是高还是低。就在 2016 年，澳大利亚的一个酿酒公司还推出了一款粉色汽水饮料，饮料的塑料瓶身印了几颗小红心，而这种饮料的酒精含量是 8%。幸运的是，如今，法律已经明令禁止生产这种酒类产品，因为它们明目张胆地将目标直接对准年青一代。类似饮料也很快撤出了市场（但这样的法律的通过，可是花费了近 20 年的时间啊）。

到了 21 世纪初，情况变得更加不妙。那些企业雇用的专家称女孩和男孩有很大的不同。女孩更容易受社会暗示（social cueing）的影响。如果两个小学女生是好朋友，其中一个偶然皱了皱眉头或脸色阴沉，另一个就会因此一整天都放不下这件事。如果是两个关系好的男孩子，他们可能会发生冲突，会打架，甚至因此受点伤、流点血，但很快就能"一笑泯恩仇"，将烦恼全部抛之脑后。男孩不记事，或者更准确地说，男孩子天生就根本不把这些当回事，而女孩子会对这种事情比较计较。当然我们还是要教育男孩子行事要顾及别人的感受。

有了这些信息以及另外一些本书会讲到的对孩子心理的洞悉后，广告商不惜花费数百万美元，开始将推销目标瞄准这些 10 岁以下的女孩子。实际上，"10 岁以下的女孩"这个概念本身就是广告商发明出来的。在广告商眼里，11 岁似乎是一个没有任何特殊价值的年龄，11 岁的孩子只需要再增加 1 岁，变成青少年（我想对广告商说，孩子可不是"什么以下"，他们是多少岁就是多少岁，不要拿他们的岁数做文章）。

这些广告商取得了巨大的成功。现在，40% 的 10 岁女孩担心自己的外貌不够好，她们为了减轻体重和改善体形，严格控制食物摄入量，而这种种努力其实是有害的、徒劳的。因为所有的女孩在进入青春期之前，会有半年时间显得有点婴儿肥，而且为了以后能够健康发育，她们需要摄入足够的雌激素，所以过分在意体重对女孩子没好处。以前的人都明白这一点，他们不在意女孩子的体重。可现在呢？对女儿外表过分敏感的妈妈和粗心大意的爸爸会直接对女儿说："哇！你怎么越来越胖了？"

事情的真相就是这样。女孩子因此失去了 4 年时光——4 年她们能够用来开发创造力、建立自信心的宝贵时光。10 岁的孩子太在意时尚（或者说，她们有时尚焦虑），12 岁的孩子害怕在衣着、吃喝方面赶不上潮流，14 岁的孩子把零花钱用来购买化妆品，可实际上她们那有着满满胶原蛋白的脸蛋根本就不需要抹这些东西。一个 12 岁的女孩还可能会饮食失调，因为她幻想着自己变得像看了无数遍的杂志上的模特那样苗条。这样一来，孩子的体重会像过山车一样，忽上忽下，以至于新陈代谢完全失调。16 岁的女孩开始央求父母带她们去做隆胸或阴唇整形手术（是的，你没看错，就是这些词的字面意思）。而且这种趋势根本没有停下来的迹象。

只有一个方法可以避免这一切，那就是让女儿不受不良媒体信息的影响，而这需要你从自己做起。现在我们就来谈谈该怎么做。

有一次，我去一个学校做讲座，主题是"如何养育女孩"。其间，我突发奇想，对听众说："如果你对自己的身体不满意，就请举手。"

现在，你也可以评估一下你对自己身体的满意程度，在下面最符合你的情况的描述前打钩。

□ 1. 我真希望换个身体。我对现在的身体的许多地方都不满意。

☐ 2. 我基本上能接受自己的身体，虽然有那么几个部位，我想改变一下。

☐ 3. 我觉得自己的身体美极了，我无条件地爱它。我对它温柔以待，并衷心感谢上天赐给了我这样一个身体。

在那天来听讲座的人中，有 98% 的人举起了手，只有 2% 的人会选第三条描述。但如果你想帮助女儿避开过于注重外表的陷阱，就需要警觉，要告诉自己应该选第三条描述。

下面是我青少年时期的个人经历。

“我很瘦，非常瘦。我很高兴自己能拥有这样的身体：它强壮，基本上能做到我希望它做的任何事情。我爱自己的身体，因为它令人惊叹，而且它已经与我做伴长达 60 年了。但是在我十几岁的时候，我的看法可不是这样的。那时，我们学校很穷，没有游泳池，所以我们得去海滩上游泳课。在更衣室，我会躲着同学们，一件衣服都不会脱，直到他们全部离开才开始换泳衣。在海中游泳时，我也会远远地躲着别人（特别是女孩子）。我恨自己的身体，我试过各种方法，也不吝惜时间和精力，但始终没长出肌肉来。所以我想说的是，十几岁的孩子都会有这个阶段，我们都想显得帅帅的，美美的。

但在面临同样的问题时，现在的孩子承受的压力是以前的 10 倍。所以我们一定要注意，千万别让孩子在自己家里还得承受这种压力。而要做到这点，爸爸和妈妈要带头哟。

史蒂夫（63 岁）

以身作则

请试想，如果从此刻起，你决定接受并爱自己的身体，那你的生活会是什么样子呢？你的感觉会是怎样？假设每次看到或是想到自己的身体，珍爱之情就油然而生，那你会不会更善待自己，让自己以更健康的方式生活？

不知你有没有发现，这不是一个“如果”或是“何时”的问题（如果我减肥呢？何时我把鼻子整整形？），而是一个思维方式转换的问题。抛弃对自己外表严苛、挑剔的态度，将自己的身体视为珍宝，欣赏它。试一试啊！如果你能做出这样的改变，也许你女儿的生活就能随之改变。

或许有那么一天，那时很有可能你女儿还小，她会过来和你说：“我恨自己的身体。”听到这话，你肯定吓坏了。你会对她讲：“你很美啊，看起来棒极了！”但她不太会相信你说的这句话，因为从她出生时起，她看到的你不是担心自己的体重，就是担心自己的皮肤、头发或衣着，简直没完没了，对自己的任何地方都不满意。

试试完成下列测试，在你的答案为“是”的问题前打钩。

☐ 1. 你是否通过节食来减肥，还当着孩子的面谈论这个话题？

☐ 2. 你家里是否到处散落着时尚杂志，里面有骨瘦如柴的女性的照片？

☐ 3. 逛街是你们家的主要消遣方式吗？你和女儿经常一起逛街来增进感情吗？

☐ 4. 你是否曾当着女儿的面，对别人的体重和外貌说三道四？

☐ 5. 你是否当着女儿的面，对自己的外貌进行过负面的评价？

☐ 6. 化妆对你来说是很重要的事情吗？

如果在上述问题中你的答案为“是”的问题超过了两个，那你就得好好反思一下了，因为这意味着对你来说，外表真的很重要。这种观念对成年人来说，可能是无害的，但在如今这样的社会，它可能会危害你的女儿。

你需要认真考虑一下你到底想让女儿如何表现。请试想，有一天，你的女儿会去上学，班上会有一个男孩，他看起来不太机灵，却可能很喜欢你女儿。这个男孩可能会在操场上对她说："你真壮！"你的女儿会转向他，昂起头说："我觉得自己的身体很棒。你敢不敢和我打赌？我会比你更快跑到围墙那里。"于是他们开始比赛跑步了。也许他的确太傻，不值得你的女儿再给他一次机会，她从此以后都不理这个男孩了。

重要的是她已经建立起强大的自信，不会因为这个缺乏教养且愚蠢的男孩的话而贬低自己。而她之所以能说出这样的话，就是因为她曾经从你——她的妈妈——的嘴里听过一模一样的话："我觉得自己的身体很棒。"

所以，你要自己先行动起来，不要再执着于改变自己的外貌，而要将注意力转移到生活中更重要的事情上。

请阅读以下描述，如果你已经做到了这一点，就在它上面画个圈圈吧。如果你还没做到，也可以把它当作努力的方向。

> 我认为我不应过分关注自己和周围人的外貌。生活中还有更重要的事情需要关注。我希望自己的女儿爱她的身体，所以我要先爱自己的身体。

如果你已经从心底里接受上述观点，那么读到这里时，你可以放下手中的书，走出家门，去享受阳光并大声歌唱，因为这对你来说是个巨大的突破，为此你的治疗师恨不得给你一个大大的拥抱。

但如果情况相反，你也不必着急，我会陪着你。只要能将家里的事情理顺，你就等于成功了一半。下面我们来讨论一下世界会教我们的女儿些什么。

不良信息的危害

有了孩子，你必须要考虑一个严肃的问题，而且从孩子出生的那刻起就得做出决定。这个问题就是，在家里，你打算让孩子在多大程度上接触电子产品？

在下列描述中，哪些最能体现你家里电子产品的使用情况？请在符合你家情况的描述前打钩。

☐ 1. 我们家根本就没有电视。

☐ 2. 我们家只在特定的时段开电视。

☐ 3. 在我们家晚上的大部分时间里，电视都开着。

☐ 4. 在我们家吃饭的时间，电视总是开着。

☐ 5. 在一整天的时间里，我们家总有带有屏幕的电子产品在被使用。

☐ 6. 我们家的电视总是开着，女儿的卧室里也有电视，这样大家就可以互不干扰。除非她来厨房从冰箱里取东西，否则我都难得在家里见她一面。

虽然只是一家之言，但我认为，如果你的选项是靠后的某种情况，那你就需要反思了。因为起居室的电视使用率会在几个方面改变家人的相处时间。首先，它大大减少了家庭成员之间的交流。开着电视，大家都不免会三心二意，无论是说话的人，还是听话的人，都会把注意力集中在电视节目上。在这种氛围下，没人会谈重要或有深度的话题。结果，至少在起居室里，夫妻之间不会交流，孩子不会告诉父母他们的心事。什么特定的话题都没有，家人在各自的工作或学习生活中的新动向也得不到分享。

其次，最近有一个电子产品给孩子带来的负面影响被发现。科学研究已证实了长期以来教师们观察到的惊人现象——上小学的孩子连话都不太会说了。他们不会造句，只能时不时从嘴里蹦出一些单词，根本讲不了一个完整的故事。他们连“我和妈妈去商店买了一个玩具火车”这样简单的事都无法叙述，也不会和别人展开对话。这种现象在世界各地都很普遍。许多孩子在学习阅读方面遇到的困难如今被认为是他们无法将词语连成句子。现在的孩子只会说无序、的不合语法的简短话语，什么意思也表达不出来。而在过去，5 岁的孩子就已经能编出很长很有趣的故事。如果孩子缺乏这方面的能力，那说明他们思考和推理的能力也不强。究其原因，就是大人在家里和孩子的交流不够。这种交流是任何电视节目，哪怕是谈话类节目，都不能替代的。因为电视节目没有互动性，观看电视节目不需要孩子做出反应，孩子无法从中学到真正有用的东西。

电视开着，即使孩子没有看，只是能听到电视的声音，他们也无法专心玩耍。在安静的房间里，蹒跚学步的孩子会自言自语，编故事，假装自己的玩具或玩偶正在进行内容丰富的长对话。但是如果此时电视或收音机开着，他们就不会这样做了。孩子注意力持续的时间和想象力的开发都会受此影响。

最后一点，也是每个人都关注的一个严重问题，就是媒体对女孩子自我形象造成的影响。无论是通过杂志、广告牌、互联网，还是日常生活中的其他途径，女孩子每天都会接触到大量的女性形象。这些女性漂亮、妆容精致、聪明、时髦、苗条。不管是有意识还是无意识，过不了多久，女孩子就会认为女人就应该是这个样子。孩子们这样想完全不奇怪。她们不由自主地将自己和这些女人做比较，日久天长，对自己的形象不丧失信心才怪呢。用不了多久，女孩就会将自己视作产品，进而将在商店里购买的产品当作是“使自己成为更好的产品”的关键。至此，这些广告算是大功告成了。受其影响，女孩会认为可视化的东西，即你的外表和你在别人眼中的样子，比你的内心感受和具体行为更重要。这样一来，在她们心目中，女性就仅仅只是一种被端详和可供使用的产品了。

社交媒体、自拍软件，以及约会应用程序、交友应用程序和色情短信，都在助纣为虐。这种观念会使女孩子感觉很糟糕，因为在家里，她们得面对总是对她们的外表忧心忡忡的父母，在外面又要在意别人的看法。再加上随处可见的以貌取人的判断标准，我们的女儿会出现问题就不难理解了。

我们应该做些什么

你有许多事情可以做：

1. 绝不把电视放在孩子的卧室里。
2. 在女儿 16 岁之前，不要让她在卧室用手机、平板电脑或用电脑上网。
3. 用电视观看特定的节目，看完就关掉。
4. 全家人一起围着桌子就餐时，要和孩子轻松愉快地交谈。
5. 别把逛街买衣服当成主要的消遣方式或与女儿增进感情的手段。
6. 鼓励女儿做一些更有意思的事情，而不是天天照镜子。

小结

培养快乐女孩最重要的是父母要给孩子一个真正的童年，不要拔苗助长，人为地限制和缩短她的童年时光。下面两点非常重要：

1. 从女儿两岁时起，无论是在室外玩耍方面，还是在思想和创造力方面，家长都要鼓励女儿勇于探索、充分释放她的天性。不要用任何类似“女孩子要整洁、可爱、有女孩子样、温顺”这样的观念束缚她。给孩子穿有利于她活动的衣服，让她自由自在、无拘无束地生活。

2. 不要让孩子在家里承受“外表很重要”这类信息的压力。这些信息通常来自那些不良媒体的宣传。父母要做出表率，不要过分看重外表。除非有特别的节目要看，否则不要开电视。在女儿十几岁真正成熟之前，不要总带着孩子一起逛街买衣服，或参与一切与外表有关的活动。在她成年后，也尽量别这样做。

2～5 岁是孩子应该玩耍的时光。女孩子应该在这个过程中汲取能量，建立自信，为进入更广阔的世界做好准备。

Friendship Skills

第三章

交友之道

“友谊很重要，也很复杂。虽然孩子关于交友之道的学习会贯穿一生，但 5～10 岁这个阶段是孩子学习此道最关键的时期。实际上，我们中的大部分人，现在还在学习。”

《养育女孩》[①]这本书从讲述一个在上幼儿园的两岁小姑娘莫莉的故事开始。有一次，她正要拿一个玩具卡车砸小朋友的脑袋时，被她妈妈看见了。在房间另一头的妈妈及时给了她一个警告的眼神，示意她住手，否则她就闯祸了。小孩子要想交友顺利，就需要比同龄的孩子更为成熟，并且要从小学习相关技巧。在孩子学会之前，父母必须介入其中，给予指导。如果孩子因交友方面的挫折感觉受伤，父母还要想办法帮助他。本章会指导父母如何在这方面帮助孩子。这可不是件轻松的事情，特别是，如果父母自己小的时候也存在交友方面的问题，这就更加困难了。希望本章的内容对这样的父母也有帮助。

人类离不开社交——无论是生活、工作、玩乐还是学习，都是在群体的环境中进行的。再小的孩子也会结交朋友，从童年时期到长大成人，友谊的重要性日益凸显。真正的朋友会支持我们熬过艰难的日子，也会让我们在快乐的时光中更加快乐。

让我们立即行动，现在就看看你的女儿在交友方面的表现吧，请在下列最符合你女儿情况的表述前打钩。

☐ 1. 非常孤僻——对结交朋友完全不感兴趣。

☐ 2. 能交到朋友，但与朋友的交往总是以眼泪收尾。我觉得，她还需要学习。

☐ 3. 总体情况还不错，虽然也有不顺利的时候。

☐ 4. 能够交到朋友，且能与他们长期保持友谊。

☐ 5. 和任何人都能打成一片。

---

① 《养育女孩》为本书作者史蒂夫此前的作品，其中文版已由中信出版集团于2020年再版。——编者注

女孩天生性格各异，所以我们不能强求每个孩子都善于社交，这一点非常重要。有些女孩喜欢独处，或者和一个密友安安静静待在一起。而有些孩子却喜欢热闹，和一群朋友吵吵闹闹、谈天说地时最快乐。有些女孩天生就有领导能力，还有些性格温顺。但有些时候，即使是最害羞的女孩也需要学习一些“和人打交道”的技巧。如果她们因为这些技巧顺利收获了友谊，就会变得更喜欢和人交往。在这方面，父母有责任指导孩子。教会女儿交友之道实际上就是帮她找到平衡——如果你的女儿太强势或太没主见，过于冷漠或过于敏感，太轻信他人或不信任任何人，那也许她就需要你的指导，需要你帮助她找到平衡点。

在考虑这些事情的时候，你需要和女儿充分交流，问问孩子在交友方面的经历：她是希望能有更多的朋友还是希望结交和现在不一样的朋友？她和现在的朋友是不是已经能愉快相处？如果她在这方面还很困惑，或因为年龄小，还得继续学习，父母就要多创造机会，带她去有同龄孩子的朋友家玩耍。你也可以与别的妈妈合作，多举办些聚会，还可以让孩子多参加几个兴趣小组或一些她感兴趣的活动，但这些活动必须是压力小、轻松有趣的活动。

5~10岁：初涉友谊要注意什么

从孩子上幼儿园的第一天开始，父母就希望自己的女儿能遇到朋友、保持友谊、事事顺利，但现实情况总是出乎意料。对女孩子来说，友谊会带来无尽的烦恼（这个说法尤其适用于十几岁的女孩），但她们只有经历这些烦恼才能进步（前提是遇到困难时，她们旁边有能及时提供帮助的父母）。

《最好的朋友，最可怕的敌人》（*Best Friends*，*Worst Enemies*）是一本非常好的书。在这本书中，心理学家迈克尔·汤普森列举了7个可以提升交友能力的技巧，它们非常有用，让我们来读一读吧。

1. 对友谊的态度要积极（觉得友谊是珍贵且有趣的）。

2. 树立分享理念，培养规则意识（许多游戏和活动都需要这个）。

3. 顾及别人的感受（不要自私，要多关心朋友）。

4. 控制过激行为（当愤怒、沮丧和悲伤的时候，不随意发泄）。

5. 真心实意地道歉（愿意发自内心地承认错误）。

6. 对别人的情感变化保持敏感（能从别人的言行举止中觉察到他们内心的波动）。

7. 谨慎地信任别人（信任别人，但同时要有洞察力，不轻易上当）。

看了这些，你会发现这些技巧对孩子来说要求很高，换句话说，需要孩子心理上相对成熟才能掌握。但这些技巧的确是拥有和别人愉快交往的能力的基石。

现在让我们将它们当作起点，看看你的女儿现在处于什么样的位置。

在下列技巧中，你女儿最擅长的是哪个？在你女儿擅长的技巧旁打钩，在她还不太擅长的技巧旁写个问号，在她完全不擅长的技巧旁留白。

☐ 1. 她喜欢自己的朋友，珍惜与他们的友谊并从中得到了乐趣。

☐ 2. 她已经学会了分享理念和规则意识。

☐ 3. 她关心别的孩子，而不是只考虑自己。

☐ 4. 在生气时，她会控制自己的情绪，不会靠打别人或说刻薄话来发泄。

☐ 5. 她犯错时，会真心实意地说抱歉。

☐ 6. 她能觉察到朋友的情感变化，并表示关心。

☐ 7. 她不容易上当——她信任别人，但不会不加辨别（在下面最符合你女儿的描述前打钩）。

☐ 太容易信任别人。

☐ 信任别人，同时懂得辨别。

☐ 防卫心很重，不太容易相信别人。

看看你都在哪些条目前打了钩，就会明白自己的女儿在哪些方面需要加强。别担心，即使是16岁的大姑娘，在交友能力方面也还是存在差异。但是如果你能找到她的弱点，当她找你寻求帮助时，你就能有的放矢。

我觉得女儿需要改进的方面是：

____

____

交友指导的尺与度

女儿的“友谊问题”一般都出现在你不在的场合，如学校、体育场等。那时，无论你心里有多着急，都无法帮助或指导她，因为你无法经常出现在这些场合。因此，你能扮演的角色就是教练，在平时就训练好她。

这意味着你要告诉女儿你关心她，她是你的宝贝。你一定要成为孩子愿意倾诉的对象，虽然这可能很难。我认识的一位妈妈对自己的女儿的控制欲太强，她不停地询问，不停地担心，不停地干涉，不停地提建议，简直像疯了一般。结果女儿越来越不愿意对妈妈敞开心扉，在她长大，能离开家的那一刻，她就毫不犹豫地跑了，志愿到亚马孙热带雨林参加一个援助项目。这可怜的孩子竟然不得不跑那么远才能拥有私人空间。

但我们通常担心的是相反的情况——父母忙于自己的事务，无暇顾及子女的生活状况，又或者，家里还有一个更需要照顾的孩子，父母分身乏术，不能每个孩子都顾及。无论何种原因，其后果都不容小觑。有一次，我被紧急叫到一所学校，那里有一个女孩突然自杀了。当时那个城市接连发生了几起自杀事件，死者包括一些年轻漂亮的女孩，人们对此都感到震惊。这个自杀的女孩只有 15 岁，生前饱受同校学生的欺凌，而欺凌她的同学大多是通过互联网施虐。她上网的时间很长，但她的父母因为生活压力太大，对自己女儿的状况一头雾水。虽然这类悲剧很少发生，但不容忽视的是，忍受类似压力的孩子不在少数。有时，人们误以为十几岁的女孩最好独处，父母不要管她们，要给她们更多的个人空间，但实际情况不是这样。十几岁的女孩尽管不再时时刻刻和父母黏在一起，越来越独立了，但还是需要经常回到“母舰”，让父母了解她们的近况和进展，所以父母必须时刻待命，既不要干涉过多，也不能撒手不管。

以下是一个关于你对孩子关心程度的小测试，帮助你思考你在女儿的生活中扮演了什么样的角色。

☐ 1. 干涉过多，挤压孩子的私人空间，让她不得清净。

☐ 2. 干涉略多。

☐ 3. 不干涉，但随时准备提供帮助。

☐ 4. 在乎孩子，但自己的事情太多，自己太忙。

☐ 5. 没时间关心她都在做些什么，她得自己管好自己。

令人意外的是，此前参加评估的父母中没人选 1 和 5。看起来，大家一般都不乐意承认自己是这样的父母（或者说，第 1 种和第 5 种父母通常都没有那个自知之明）。所以，如果你的选项是 2 或者 4，那意味着你还需要学习如何找到平衡。

如果你觉得自己对孩子可能干涉过多，那就尝试着将主动权交还给孩子。你需要决心改变，而且要坚定这样的想法："如果女儿有问题，她会主动告诉我，不需要我总是问她。我应该放松心情，准备好随时提供帮助。她觉得时机恰当时，会和我说心里话。"

切记，孩子的人生是她自己的。辛辛苦苦把孩子养大，如今却要放手，这对父母来说肯定不容易。可能你的生活过去全都围绕着孩子转，但随着孩子越来越独立，你也需要独立，多安排一些适合自己的活动。

治疗师在帮助那些不由自主地对子女生活干涉过多的父母时，经常会让他们思考一个问题：我之所以这样，会不会是想要抑制自己内心的孤独？或者，是不是因为觉得以前亏欠过孩子，现在想补偿呢？如果你对女儿的事情太过焦虑，这通常是你自己童年时期的阴影导致的，只是你未察觉到罢了，找出这些记忆就能使你释然并就此放过自己的女儿。如果你发觉自己对某事太情绪化或反应过激，那么顺藤摸瓜也许就能找到原因。当然，如果你缺乏自知，这时就需要朋友或女儿来告诉你："你太激动了。"这也是发现那些不堪记忆的办法。

> 在我小的时候，父母从未和我交流过。他们总是对几个孩子大喊大叫，让我们乖一点，别打架，或赶快去干活，然后就自己出门了。在我的记忆中，他们从来没有坐下来，关切地问我："孩子，你今天过得怎么样？有什么事情给我们讲讲吗？"更别提和我认真谈话了。我觉得在他们眼中，我根本就不是一个活生生的人。他们只不过给我提供了一个栖身之所罢了。
>
> 阿里（52岁）

如果你对某事反应过激，自己也知道根本没必要，但你的记忆模糊不清，那么你可以求助于心理辅导人员。

如果你的选项是"在乎孩子，但自己的事情太多，自己太忙"，那么解决这个问题也不困难。既然你已经意识到忽略女儿会对她的心理健康造成很大影响，那还有哪些事情是你不能舍弃的呢？

女儿会考验你

设想一个场景吧：黄昏时分，你的女儿因为社交生活不顺利，一整天都情绪不佳。对有些女孩来说，这种事情至少一周会发生一次。

如果平时你和女儿关系不错，她遇事都会来找你倾诉的话，此时她可能会溜达到厨房或书房来找你，看看你是否真的关心她。如果此刻你看上去忧心忡忡，不像是可以和她交流的状态，为了不打扰你，她可能就扭头走了。除非遇到生死

抉择的关口，否则她可能就自己纠结，自己烦恼，不麻烦父母了。能选择这样做的孩子令人佩服，但小问题也可能就此积攒下来，酿成难题。

好了，事情一般是这样的：99% 的情况下，孩子来找你的那一刻，你非常忙。这意味着你要掌握为人父母的一个重要技巧——要让女儿觉得你随时都能为她腾出时间。那时，你可能正在准备晚饭、洗衣服、在网上经营小生意，或者正着急让家里更小的孩子把脏衣服脱了，女儿走了过来，说想和你谈谈。

切记，和孩子交流比那一刻你手头上的任何事情都重要（当然，如果你了解自己的女儿，有把握另约时间而不影响她的情绪，完全可以让她先等等，或者单独腾出时间，或者在你开车接她放学回家的路上和她交流）。

最好的状况是，你和女儿每天都有固定的时间用来聊天。如果知道自己和父母有这个不成文的约定，女儿就会等到那个时间再把烦恼告诉父母。但基本原则是，如果女儿有心事来找你，你最好停下手头的事情，和孩子进行交流。

避免焦虑不安

了解下面这些知识可能会对你有帮助。

在绝大部分情况下，孩子们都有点杞人忧天。原因在于，站在女儿的角度，她会觉得自己的问题非常严重，可在比她年长、经验多的人看来，这些都不过是生活里的小浪花而已。但即使心里这么想，你在嘴上可绝对不能这样对女儿说。你应该做的是保持镇定，让她把自己的烦恼统统倒出来。父母可千万别显得比孩子还紧张（很多父母都会这样，当然，有些时候，情况是刚好相反的）。

如何帮助女儿

当女儿因为交友方面的烦恼来找我们时，我们要一步一步来。我们要先和她们交流，让孩子知道父母是关心她们的。这意味着，在她们诉说的时候，我们要主动确认孩子的感受，问些“当时她这样对你，你是不是很生气”这样的问题。通过仔细确认事情的来龙去脉，体察孩子的切身感受，及时总结你所理解的孩子的烦恼，实际上，你已经进入了她的内心世界，对她关心体贴，不离不弃。

在试图安慰孩子，提供解决方案之前，你一定要先花几分钟时间，深入了解她的问题和感受。当孩子稍微平静下来后，你再想想那 7 个交友技巧，看看哪个适用于她的情况。

也许女儿意识到自己最好的朋友扎拉缺乏交友技巧“顾及别人的感受”。这时她也许会重新考虑扎拉是否适合做她的好朋友。可能你的女儿还需要更多地学习交友技巧“谨慎地信任别人”，要学会“逢人且说三分话，未可全抛一片心”，因为有些孩子就是那么反复无常，不值得结交。学会分析别人的性格，可以让孩子明白错不在她，对有些女孩来说，这一点非常重要。你可以和孩子仔细讨论，然后留意事情的后续发展，孩子的问题通常过一两天就会自行解决了。无论如何生活还是要继续，你也没必要总是提醒她那些不愉快的时刻。父母表现得轻松一些，孩子也就不会那么紧张了。但同时，你也不能掉以轻心，要多留意女儿总体的情绪状况。孩子情绪不佳总是事出有因，只要你能找到原因，就能够帮助孩子。

请按照以下步骤与女儿进行谈话：倾听、探讨、分析。这样，孩子能感觉更轻松和平静，并为在晚上整理心情、有所收获做好准备。第二天，父母要核查事情解决得怎么样了，到那时，孩子所有的烦恼有可能已经烟消云散了，又或者事情有了新进展，她又有了新烦恼。

避开悠悠球朋友

《小女孩也刻薄》（*Little Girls Can be Mean*）是米歇尔·安东尼和蕾娜·林德特合著的一本非常好（尽管内容有些琐碎）的书。其中一些关于8岁以下儿童的观点非常值得关注。

例如，“悠悠球朋友”是女儿在交友时很可能遇到的一种不适合继续交往的朋友。

> 所谓“悠悠球朋友”是指一类女孩子，她们在和你女儿结交的时候热情无比，却突然有一天翻脸无情，变得刻薄起来。而当你的女儿受此影响心情沮丧、困惑不解时，这个女孩又变得热情起来。

《小女孩也刻薄》的作者暗示，能做出这种事情的女孩不是什么善类。很显然，她们心中的所谓友谊是可以任意摆布别人，而不是发自真心地爱护别人。如果你女儿遇到这样的朋友，在无确凿证据之前，暂且忍上一两次是可以接受的，但如果此类状况一而再，再而三地出现，你就要告诉女儿，对这种反复无常的人要敬而远之，尽早结交新朋友。

如果有可能，最好让孩子在这个年龄段多结交一些朋友。作为父母，你可以邀请不同的女孩来家里玩，鼓励女儿友好地对待她们。可能和你女儿一样，她们也受到过排挤，能够与你女儿同病相怜。借此机会，你可以将自己家里打造成一个开放友好的交友基地。有些性格文静的女孩会只愿意和某个特殊的朋友玩耍，但如果女儿愿意和几个孩子（无论是男孩还是女孩）一起玩，愉快交流，就能够减少她只有一个朋友时可能会经历的情绪波动。有时，不总和同一个朋友黏在一起，对孩子来说是有必要的。

安东尼和林德特相信在大部分情况下，不到8岁的孩子所表现出的刻薄是无意的，可能只是因为他们考虑不周或不够成熟。年幼的孩子没有足够的能力在自己的行为和其造成的影响之间建立起联系。但超过 8 岁后，孩子再表现得刻薄就是有意为之了，他们知道自己在做什么。这时，父母要和孩子一起讨论，让他们明白自己的行为会对别人造成的影响，明白为人友善、不排挤和不中伤别人对大家都有好处。总有一些孩子，因为缺乏安全感、家人比较冷漠，可能会轻易伤人，有较强的控制欲，但他们中的大部分可以学会共情，明白“己所不欲，勿施于人”的道理。如果你能帮助女儿实现这个跨越（设身处地为他人着想），那就意味着她离一个好人的标准不远了。

怎样面对恃强凌弱

研究表明，男孩更倾向于使用肢体动作欺凌别人——打、抓、推别人，破坏他人的物品，偷午餐费，等等。他们一般几个人一起做坏事，或者欺负比他们小的女孩和男孩，这听起来很可怕。这些行为，有些女孩也做，但女孩的伤人利器大多是“社交欺凌”——将一个女孩排斥在小群体之外、中伤他人、说话尖酸刻薄、散布流言蜚语。当然，如果女孩的父母允许她们在卧室使用手机，那么互联网、短信和社交媒体给她们造成的伤害会更大，她们的社交欺凌也没有了时间上的限制。社交欺凌对健康和幸福的伤害一样不可小觑。它会导致受害者自残，在极端情况下，甚至自杀。

有时，和孩子谈谈这类事情就行了，例如如何回应，是否选择置之不理，以及怎样反击。

但如果这类事情没能及时解决或已经对孩子造成了伤害，学校和老师就应该介入。大部分学校会专门在课堂上教育孩子对欺凌保持警惕，告诉他们如果受到欺凌如何应对，教育他们要信任老师和学校的工作人员，及时求助。如果欺凌行为被曝光时大家都实事求是，那么它的很多威力就自然而然消失了。成人，特别是学校工作人员的任务就是密切关注欺凌现象，对那些反复出现的欺凌行为进行严肃处理。这些欺凌者一般都是捣蛋鬼或者缺乏照顾的孩子，他们之所以这样做肯定事出有因。这个原因必须要被找出来，他们的行为也要被阻止，学校不作为是不行的。父母如果发现学校没有采取任何行动，那就赶快帮孩子转学吧。孩子不应该整天忍受刻薄的言语和恐吓。

你和欺凌

你在小的时候受到过欺凌吗?

☐ 1. 几乎没有

☐ 2. 有时受到过

☐ 3. 在某个阶段受到过

☐ 4. 受欺凌贯穿了我的整个童年阶段

欺凌者是谁?

☐ 1. 学校的孩子

☐ 2. 自己的兄弟姐妹

☐ 3. 两者都有

你现在感受如何?

☐ 1. 仅是回忆当年的事情，就会心跳加速，感到焦虑。

☐ 2. 躯体反应强烈（如胃绞痛、发紧，肌肉紧张）。

☐ 3. 我感觉还行，已经不太想这些事情了。

你女儿的学校对待欺凌，处置得当吗?

☐ 1. 是

☐ 2. 大部分时候是

☐ 3. 不

（处置得当是指：学校会在课堂上针对欺凌对孩子进行教育，还会制定策略，指导孩子遇到问题时应该向谁求助；学校会致力于在同学间形成互帮互助的风气；学校会妥善处理欺凌个案，既为受欺凌的学生，也为欺凌者提供帮助。）

得知孩子受到欺凌，父母会自然而然地感到关切和痛心，这也是应当的。你可以让这种感受刺激着你采取行动，但也要注意分寸，你很可能会发现自己太过情绪化（有让事情雪上加霜的危险）。女儿需要父母沉稳、镇定和坚强。有些父母会因为女儿遭遇欺凌而回忆起自己曾经的痛苦经历。这时，父母应该去找相关专业人士咨询或和朋友商量。只有先消除自己童年时遗留的心理痛苦，才能有效地帮助女儿。正确的处理方式会让父母感觉好受一些。

快乐者不争输赢

女孩的世界变得如此卑鄙肮脏的原因比较复杂，它和我们如今的价值观有关系。如果生活中只有竞争（成为最漂亮、最性感、最受欢迎、成绩最好或最有运动细胞的一个），那对我们女儿来说，就太悲哀了。孩子没有任何机会去想“只做自己就可以了”，去放松心情，去找到适合自己的道路。竞争对手是无论如何也不会真正成为彼此的朋友的。

你要提醒自己和女儿，快乐的人不会整天操心输赢——他们只做自己喜欢的事情，成为自己想成为的人，结交朋友，享受生活。在许多学校，总有一些保持个性、不墨守成规的孩子组成的小团队，相比较而言，她们对人更宽容热心。

同龄群体（这个概念已经出现很长时间了）并不是一个自然现象，因此在这个群体中经常出现问题。在女孩的成长过程中，她们需要与更多的阿姨、年龄大一些的孩子接触，拥有超越年龄的友谊，这样一来，同龄群体的影响力就没那么重要了。在家庭治疗中有一个原则，太容易受同龄群体影响的孩子通常和与自己性别相同的长辈（父亲或母亲）关系疏离。所以和妈妈关系不是很亲密的女孩很容易转向同龄群体去寻求支持和归属感，而那些同龄孩子根本没有能力满足她的这些情感需求。当然，14 岁以上的少女会很自然地更依赖同龄群体，这是她们成长过程中的一部分，但 5～14 岁的孩子出现这种情况就不太好了。所以父母要和女儿保持紧密联系，成为孩子的安全港湾。参加有不同年龄段的孩子共同参与的兴趣小组等对拓宽女孩的视野、令她发展出独特个性、提升她的个人价值感都大有益处。本书第七章有对这一话题更详细的介绍。

当女儿患上阿斯伯格综合征……

如今阿斯伯格综合征尽人皆知，它是一种泛自闭症障碍，患者通常智商奇高、各种能力完好，但社交能力低下。

在很长一段时间里，阿斯伯格综合征在女孩身上得到确诊的比例较低。而研究人员发现这种现象具有误导作用，如今，他们认为女孩更擅长掩饰自己的社交障碍，她们付出很大努力想使自己显得正常，以至于会罹患急性焦虑症和抑郁症。医生有时也会将阿斯伯格综合征误诊为焦虑症和强迫症，实际上后两者只是孩子在应对社交障碍时所出现的表象。所以弄清女孩版的泛自闭症的症状很重要，只有这样，我们才能用正确的方式关心和支持这些女孩。

找专业人士诊断总是靠谱的，对于绝大部分明显的症状大家可能也并不陌生。请阅读下面罗列的症状，需要注意的是，自闭症有各种各样的分类。在自闭症图谱中的女孩子，其症状可能是不一样的。将她们身上的某一症状与自闭症图谱相对应是不正确的，更确切地说，她们的症状处于一种不断变化的状态。媒体通常提到的那些男孩身上的特点，在女孩子身上的表现并不是很明显。这是因为，相比男孩，女孩能更好地找到掩饰的方法。

1. 她在和别人目光接触时可能会显得异常。与男孩不同，她不会经常躲避别人的目光，而是会对和别人对视感到好奇，想搞清楚别人看她的原因，于是会较长时间盯着对方看。而大部分人不会这样做。

2. 她可能语言表达清晰，词汇量惊人，但用词有些偏正式，听起来就像演员或 BBC（英国广播公司）的播音员一样。这样说话会令人印象深刻，但考虑到如今大部分女孩都不这样，她的方式还是有些另类。

3. 对某一特定领域或自己的兴趣点研究颇深，而且很乐意和别人分享这

方面的知识，但她采用的交流方式不太正常，例如，她可能会长时间不停地说话，根本不给别人任何插话的机会。在和不太熟悉的人在一起，她感觉紧张时，这一点会更明显。在和她谈话时，你会担心她可能用力过猛，而事实往往证明你并不是多虑。

4. 从外表上看，她可能会显得笨手笨脚，动作不够协调，甚至走路方式很奇怪，但不是所有患阿斯伯格综合征的女孩都有这个特点。

5. 最后，这类女孩有个非常正面的特征——她很有可能非常关心别人、富有同情心、慷慨大方。这个特点甚至会令她坚决维护公平公正、支持动物保护和维护儿童利益。她会是一个忠诚大方的朋友——或女儿。患有阿斯伯格综合征的女孩子非常可爱。

患有阿斯伯格综合征的女孩的心路历程是很艰难的。她会从很小的时候起就注意到别人在社交时轻松愉快，很疑惑为什么自己不能像别人那样，而且她还可能在运动和交友方面屡遭挫折。为了解决这些问题，她会非常努力——观察那些幽默风趣、交友广泛、有领导才能的女孩，精确模仿她们的言行举止。但这些努力与感官超载会使她在许多社交场合感到焦虑，特别是一些非正式的和轻松的场合——聚会、分组做运动、闲谈等。感官超载是自闭症患者因为不知如何过滤信息而经常出现的症状。

如果父母了解这些情况，并能解释给孩子听，告诉她预期会发生的事情，而且允许孩子怎么舒服怎么来，可能就会对孩子有很大帮助。如果你患阿斯伯格综合征的女儿不能和同桌的客人交谈，或不想成为聚会焦点，那你要告诉孩子放松，不想说话就不说。如果有必要，你甚至可以允许孩子离席，去自己找个地方，安安静静地待着。女儿也许并不知道，在社交场合，简短地回答别人的问题，保持微笑，点头并倾听就足够了。告诉孩子她完全可以这样做，会使她轻松很多。

对这类孩子来说，明白自己的状况、得到很好的帮助、放松心情去抵御压力、请教别的患者或对这个病症有着丰富经验的人士，都是很有益处的做法。孩子的病症，只要能确诊，就是好事——这类孩子一辈子都可以不断自我完善，而且确诊后，其他人在给这类孩子帮助时也能更加有的放矢，因为一般应对神经发育正常人群的治疗方法对这类孩子是没有用处的。

再者，整个社会都应该欣赏和乐于承认世上千人千面，有些人就是与众不同。许多阿斯伯格综合征患者是天生的发明家、改革者。他们更会大声疾呼“我们需要一个更好更善良的世界”。珍惜你的阿斯伯格综合征女儿，在付出和收获两方面，她都不输他人。

小结

- 友谊很复杂，小学阶段是女儿学习如何交友的最佳时期。
- 交友技巧包括珍惜朋友、与他人分享、关心他人、控制情绪、及时道歉、拥有同情心，以及学会何时相信别人，何时要谨慎。
- 当女儿将“友谊焦虑”带回家时，父母要成为她们的教练。这主要包括耐心倾听、在必要时提出建议，并帮助孩子分析在交友的 7 个技巧中，哪一个她还需要进一步学习。
- 针对女孩的欺凌一般不表现在肢体上，社交欺凌对女孩的伤害更大。如果这类事情反复发生，学校就需要介入，妥当处置。

The Love and Respect of a Dad

第四章

来自爸爸的爱和尊重

“有一个关心、体贴自己的爸爸对女孩来说意义重大。学会关心女儿不是一蹴而就的事情，因为她们的世界与父母的不同。本章提供了一些关于这方面的技巧，可以使这个过程变得轻松很多。”

总而言之，爸爸的角色对女孩来说非常重要。父母都爱你，并能正确表达爱，是一件美妙的事情。但仅仅这样还不够，因为爸爸的爱和妈妈的爱不一样。爸爸身材高大、毛发浓密、有力量、有活力，他和妈妈的兴趣点也不一样。而且爸爸是女儿在生活中接触到的第一个男性，通常会影响她对整个男性群体的期待值（爸爸们请放轻松，不要有压力）。再者，每个女孩身上都有男性化的一面，其中就融合了自己父亲的形象。女孩会从父母双方身上都提取一些品质，将它们混合在一起，形成自己理想中的特质。

> “我觉得自己是一个好爸爸，为了养家糊口，我拼尽了全力。我觉得这是每个父亲都应该做的事情。但我的女儿们可不这样想，她们最希望的是我多花些时间陪伴她们。
>
> 诺艾尔（47 岁）

> “你得放松。情况往往是，你计划得好好的，想着事情会顺利进行，实际上却不能如意。有一次我们都安排好了，出去划独木舟，但两岁的女儿死活不干。我们可是费了很大的力气才出来一趟。要是放在过去，我肯定都气炸了：“你这个不知好歹的孩子，你根本不配参与这么好的活动。我给你提供了这么好的机会……”我会没完没了地说她。可现在的我经验更丰富了，学会了从孩子的角度考虑问题：也许孩子就是害怕，克服不了；也许孩子对划船根本不感兴趣。最后我们选择了在海滩闲逛，孩子高兴极了。
>
> 佛拉伦（35 岁）

大部分女孩会将自己的父亲视作自己心目中未来伴侣的样板。如果父亲善良、关心别人、尊重母亲、肯花时间陪伴女儿、喜欢和女儿一起玩耍，而不是动不动就大声呵斥，让女儿担惊受怕，那这样的父亲会成为她衡量男孩和成年男性的标准。她会对男人抱有较高的期待值，不会轻易被男人打动。研究表明，关心女儿的父亲就是一把强有力的保护伞，可以有效地避免坏事情发生在女儿身上。而且有了这样的父亲，女孩往往学习成绩好，以后在事业上也会更容易成功，而且自尊心强，不会轻易染

> 你必须学会放手，许多时候，这就是通向幸福的关键。你给她们买了新玩具，她们喜欢的却是包装盒。事情就是这样，由不得你。
>
> 爱德华（52 岁）

上毒瘾或酗酒。有一个好父亲，对女孩来说好处多多。

如今的爸爸和旧时代的爸爸有很大的不同。旧时代的爸爸总是和孩子保持距离，或者整天忙忙碌碌，没有亲和力，总是大吼大叫，所以许多女孩子和父亲的关系都不好，没有得到充分的父爱。如今的情况可是大逆转啊。本章的内容会帮助你成为女儿深爱的父亲，成为女儿一生前行的力量源泉。

我们的爸爸

下面是一个真实的故事。有一次我在伦敦组织一群来自英国各地的父母参加讨论会，主题是如何养育女孩，讨论会的日程安排很紧张。那天下午，我们一起看了一段关于如何做父亲的视频，视频中有对一些女孩的采访片段，采访者让她们谈谈自己的父亲。

视频中有一对快 20 岁的姐妹，她们分别谈了自己的父亲。其中一个说："我是一个爱动的女孩，体育运动、跳舞等，我都感兴趣。爸爸总是尽量腾出时间陪我，即使对于像跳舞这样男人不太感兴趣的事情也一样，因为他知道这对我而言意义重大。"

另一个女儿回忆道："我和姐姐不一样，对我来说，成长过程中最重要的是情感，我需要有人再三地肯定我。我知道在我需要的时候，爸爸总会在我身边。小的时候，我喜欢坐在他的膝盖上，他从来不催我下去或匆匆打发我走。他从来不会让我觉得自己是个烦人精。"

看完视频后，我们打开了灯，我注意到了一件让人震惊的事情——会议室里所有的女性都面色肃穆，一言不发。我仔细观察了一番，发现她们中许多人的眼里都噙满了泪水。我有些纳闷：她们怎么了？随后，大家积极参与了讨论。看了视频的女性有两种截然不同的反应，其中一半人热泪盈眶的原因是视频中的姐妹使她们想起了自己的爸爸，想起了爸爸曾经与自己是多么的亲密，她们在回忆自己是多么爱爸爸。

但是另一半女性并非如此，她们非常悲伤。因为在她们的童年时期，她们的爸爸可没有那么尽职。听到视频中这两个女孩谈论她们的父亲，这些女性强烈地意识到自己想要怎样的父亲，但从未得到。她们是多么希望自己的父亲以这样的方式爱自己啊。

这个讨论会的益处在于，当时在座的爸爸都很惊讶视频中那个父亲的态度和所作所为会对他们的妻子和别的女性产生如此大的影响，即便已经时隔多年。这使那天许多参加讨论会的爸爸下定决心要与自己的女儿更亲近些。

如果你是一个爸爸

在成长的过程中，你的爸爸给你树立了怎样的榜样？可以多选。

☐ 1. 我爸爸总是不在家，我其实不太了解他。

☐ 2. 我爸爸很冷漠，总是把感情深埋在心里，从不外露。

☐ 3. 我爸爸脾气火爆，总是怒气冲冲，对周围的人和事从不满意，总是在挑刺。

☐ 4. 我爸爸对我来说什么都不是，他自己有一堆解决不了的麻烦，全凭妈妈摆布。看着这些，我心里很厌恶。

☐ 5. 我爸爸是个好爸爸，我觉得他很爱我，但表达爱的方式不太自然。

☐ 6. 我爸爸是个很有意思的人，但一无所长，不太靠谱。

☐ 7. 我爸爸为人温和，情感丰富，但当我们做得太过分或做错事时，他也很有原则。他是温和的人，但很有原则和界限。

☐ 8. 我从来不缺爱和安全感，我要成为像爸爸那样的父亲。

好爸爸能让孩子时常回忆起那些珍贵的时光和美好的情感。如果你幸运地拥有一个好爸爸，这对你的人生来说就太有帮助了，可是如果你没那个福气，也不要失落，重要的是你能成为和父亲不一样的好爸爸。

所以很自然地，我们会问下一个问题：如果你想在某些方面比自己的爸爸做得更好，以下哪三项是你最想做到的呢？

☐ 给人安全感　　☐ 更可靠

☐ 更善良　　☐ 更理智

☐ 更强壮　　☐ 不酗酒

☐ 更幸福　☐ 更坚持，不逃避问题

☐ 参与更多孩子的活动　☐ 尊重孩子

☐ 更关心家人　☐ 言行不要太离谱

或用你自己的语言表达：

你要先确定自己想成为什么样的父亲，然后搞清楚如何成为这样的父亲。大部分时候，人类是通过观察和模仿心中的“榜样”来学习的，实际上我们的大脑非常善于此道。要想改变，最有效的方式之一就是想想你周围有谁可以做你的榜样，具备你想学习的那些品质。你周围的人中谁是你心目中理想的父亲形象呢？

在你的熟人和朋友中，谁是你认为最称职的父亲呢？

____

人无完人。周围所有人都是既有优点也有缺点的。有时我们需要的是将不同的人身上的优点组合在一起，从这个人身上学习幽默感，从那个人身上学习坚强，从另外一些人身上学习如何为人光明磊落，就这样将许多我们认识的好男人身上的优点集合起来，使自己成为一个真正的男人。这个办法特别管用。

因此，爸爸可以从自己认识的男人身上学习他们各自的长处，比如这个爸爸的活泼开朗，那个爸爸的自信勇敢，另一个爸爸的真诚坦率。

如果你是一个妈妈

下面是一个自我评估，请测测作为妈妈的你和自己父亲的关系如何。许多女性和父亲的关系非常好，当然，也有非常不好的。父女关系极其重要，在过去几十年，这种关系往往很紧张。

在最符合你情况的选项前打钩。

☐ 1. 我和父亲的关系糟糕透了。我觉得他根本就不爱我，我觉得自己就是他的累赘。

☐ 2. 我从来都不确定父亲是不是爱我。可能他爱吧，但他不太擅长将这种爱表达出来。

☐ 3. 我父亲还不错，我觉得他在内心深处还是很爱我的，但平时他都忙于生计，我们没什么机会亲密相处。

☐ 4. 我父亲非常爱我，他的语言和行动都显示他爱我。有了这样的父爱，我感到幸福极了。他是一个绝世好爸爸。

如果这个自我评估使你感到难受，就请你接受我们的爱和安慰吧。这个评估会使你明白什么是真正的为人父母，使你更加关心自己的子女。我们想告诉你，无论是过去还是现在，你都是一个很重要、很有价值的人，我们希望以后你能得到更多更好的来自男性的关心和爱护。我们男人也正在慢慢地学习如何更加充满爱心。我希望你能有幸得到这些。

对一个女人来说，没有享受到充分的父爱所造成的后果之一就是她可能会低估一个父亲的重要性和潜力。请花几分钟想想，这样说有道理吗？

你认为……

☐ 1. 在内心深处，你觉得父亲没什么用，可有可无。

☐ 2. 你想找个男人结婚，但并不期待他能成为一个完美的父亲，甚至觉得和他一起抚养孩子是很困难的事情。

☐ 3. 你想找一个和你父亲不一样的，有爱心并且善良的男人共度一生。

☐ 4. 你本来就有一个好爸爸，你想选择一个和他相似的人结婚。

如果你选了1或2，是不是已经开始重新考虑自己最初的决定了呢？

☐ 1. 是的，对于我的丈夫如何在我们女儿的生活中起到更重要的作用，我很感兴趣。

☐ 2. 不，男人都是混蛋。

小心，做父亲也有陷阱

> 因为我们是男性，所以作为父亲的我们的评价和行动对女儿影响很大。对女儿的外表（体重、发型、体形、皮肤之类的）千万不要进行负面评价。如果你犯忌，那就等着卖房子来支付昂贵的心理咨询费用吧。
>
> 伊恩（46 岁）

> 我从来不对女儿生气，和女儿一直关系很好。也许有些女孩有时会闹别扭，但我认为爸爸们不必大惊小怪，不要威胁孩子，而要用好好商量的方式解决问题。对孩子发火只能雪上加霜。我一般会避免和女儿发生正面冲突，以防父女关系恶化。
>
> 米奇（51 岁）

> 女孩子在听觉方面比男孩子更敏感。部分因为这个原因，她们更痛恨父母冲她们吼叫，这会使她们感到害怕，觉得不安全。对女孩说话一定要温柔，这样事情就好办多了。
>
> 彼得（39 岁）

在养育女儿的过程中，有些常见的陷阱，爸爸们一定要注意。第一种是对女儿青春期来临的恐惧。有些爸爸在女儿青春期到来后感到非常不适，因为害怕引起性方面的误会而不太敢像原来那样表达对女儿的爱。这种担心不无道理，但爸爸也要注意不要和孩子太生分。过去，许多女孩在自己脱离少女期，开始成长为一个年轻女性的阶段，会感觉父亲突然变得很冷淡。她们会误以为是自己做错了什么事情以至于自己的爸爸不再爱她们了，对这些女孩来说，这是一件悲伤且痛苦的事情。任何年龄段的女孩都需要明确地知道爸爸是在乎她们的。也许到了这个年龄，你的女儿的确需要更多的隐私，不会再像以前一样整天要爸爸爱她，但在她需要你的时候，你可千万不能缺席。她没有变，还是那个需要你爱她的小姑娘。

第二种是我称之为“供养者悲剧”的陷阱。通常情况下，爸爸通过努力工作来表达对女儿的爱，但他们出门工作就意味着不能在家陪孩子了。虽然离开家去赚钱也是爸爸爱女儿的表达方式，但孩子会以为爸爸不在乎她们，爸爸太忙了或太累了。出现这种情况就不太好了。通常，女孩子并不想要更多的礼物或金钱，而宁可爸爸多陪她们说说话，和她们多玩玩。比起钱，和爸爸一起去遛狗、运动或喝杯热巧克力会让女孩子更能感受到爸爸的爱。

布鲁斯·罗宾逊医生

布鲁斯·罗宾逊医生是西澳大利亚大学（UWA）的医学教授。他在工作中接触过一些因肺癌离世的父亲，由此开始考虑怎样使爸爸们在抚养孩子时，变得更投入、更有爱心，以填补许多女孩和爸爸之间的情感鸿沟。他在西澳大利亚大学发起了“父亲计划”（Fathering Project）并且出版了三本书《女儿与爸爸》（*Daughters and Their Dads*）、《忙碌爸爸也能做好爸爸》（*Fathering from the Fast Lane*）、《成为父亲和父亲般人物的蓝皮书》（*The Blue Book of Tips for Fathers and Father-Figures*）。你可以从以下网站得到更多相关信息和资源：www.thefatheringproject.org。

成为好爸爸的 10 条策略

这 10 条策略来自布鲁斯·罗宾逊医生。

现在我们来说一些特别的东西。我将向大家介绍一位我最敬佩的爸爸的为父之道（虽然听到这种夸奖，他会难为情）。我和这位爸爸是老朋友了，他就是布鲁斯·罗宾逊，西澳大利亚大学的教授和胸外科医生。他曾经接触的许多肺癌患者都后悔没能好好对待自己的孩子，所以他决定做些事情来帮助父亲改善与子女的关系。后来他发起了“父亲计划”，而且已经借此改变了数以万计的父亲的人生。以下就是他的 10 条策略，非常实用、简单、清晰。学习它们吧，你和你女儿的人生会因此改变，我自己就是个例子。好，让我们开始好好读读吧。

策略一：和孩子“约会”

在布鲁斯看来，最简单但最有效

的亲子活动之一就是定期和孩子“约会”。如果爸爸不嫌麻烦，肯为每个孩子都花费时间，那孩子就更容易感觉自己是被重视的、有价值的。布鲁斯认为这就是成为好爸爸的关键，即“没有别的大人，没有别的孩子在场”原则——每次亲子活动时都只有爸爸和一个孩子一起参与。从孩子很小的时候起，布鲁斯和妻子就开始这样做了，他们给予每个孩子专属的和爸爸“约会”以及和妈妈“约会”的时间。他们通常都是和孩子去某个孩子自己挑选的饭店（不是快餐连锁店）一起吃饭，或者去看场电影之类的。

但布鲁斯告诉我，他从自己的个人经历中很快学会的一点（也是需要特别警惕的一点）就是，你如果认为和孩子“约会”是你对孩子说教的良机，那就大错特错了。如果你那样做，就别指望孩子以后还会和你一起出去了。“约会”的时候，爸爸一定要专注听孩子讲，问问他们交友的情况，他们喜欢什么，学校里的哪些事情让他们感到头痛。如果“约会”变成了盘问和批评，就没有意义了，爸爸要带着轻松友好的心情去和孩子“约会”。只有孩子不抗拒了，“约会”才会加强爸爸和孩子之间的情感联系。

策略二：和孩子一起旅行

布鲁斯曾经在他的一本书中用一章的内容描述爸爸如何带孩子外出旅行，其中包括出差，这些旅行也要和孩子两个人一起去。这本书出版几年后，在一次会议上，会议主席激动地跑过来要拥抱布鲁斯，告诉他自己就是因为阅读了这章内容，才改善了和十几岁女儿的关系。

在那之前，他们父女俩整天闹矛盾，他都绝望了，最后决定邀请女儿一起去巴黎出席一个会议。会议开了 5 天，之后他们又待了 10 天，一起到处转转。他告诉布鲁斯，从巴黎回来以后，孩子不停地回忆和他两个人在巴黎度过的那段美好特殊的时光。他甚至听女儿对别人说那是“她人生中最美妙的两周”，说到这儿，他停住了，眼里含泪，然后接着说：“你知道吗？布鲁斯，这也是我人生中最难忘的两周。”

和孩子两个人一起去旅行具有魔力，这一策略也遵循了“没有别的大人，没有别的孩子在场”的原则。去的地方不一定非得是巴黎，但一定也不要是平时不需要怎么准备就能去的地方。爸爸要和孩子两个人一起旅行，离开大家，刻意用这段时间联络感情。如果做到了这点，想让孩子觉得爸爸不爱他都很难。

策略三：多动脑筋，抽空陪孩子

爸爸们经常借口工作太忙而不陪孩子，这点让人感到惊讶。在抽空陪孩子这件事情上也是需要创造力的，布鲁斯自己就经历过转变，调整了他的日常安排。在一次死里逃生之后，他决定每天早晨步行送孩子们去上学。就像许多别的事情一样，他刚开始这样做，是因为觉得“应该”，可走着走着，就变成了“喜欢”，从而乐此不疲了。

爸爸们还可以用别的方式在孩子们还在上学的日子里陪伴他们。有些爸爸会在一周中早下班一天，这样他们就可以带孩子去海滩或吃冰激凌。早点回家，关掉电视，专心和孩子一起吃晚饭很重要。布鲁斯通过研究发现，一周中至少有四天时间一家人聚在一起吃晚饭，可以使孩子染上毒瘾的概率大大降低。他也注意到，尽管许多孩子不情愿关掉电视和家人围坐在一起吃饭，但二十年后，这些孩子长大后，无一例外都认为那些晚餐时光对他们来说非常珍贵，令他们终生难忘。

策略四：帮助女儿明白她的与众不同之处

有一次，布鲁斯就为父之道采访了英国国家板球队队长大卫·高尔。当他问高尔“你认为你的女儿最需要你做什么”时，高尔的回答出人意料。他说：“我的女儿需要我帮助她们明白她们每一个都是与众不同的。”这一点对每个姑娘来说都非常重要。

每个女孩都与众不同，一旦她们意识到这一点，爸爸就能看到在女儿身上的积极效应。她们不会欺负别的孩子（反而会欣赏别的孩子身上的不同之处），而且等她们更大一些时，她们更能找到自我价值。

为了帮助孩子找到自己身上的特殊之处，你先得搞明白每个孩子的闪光点到底是什么——或是他们的个性、才艺（如他们善良的天性、喜欢做的有趣的事情），或是他们自愿选择的道路，或是别的许多事情。找出每个孩子身上具体的与众不同之处，并鼓励孩子坚持自我，比用宽泛肤浅的话表扬孩子更有效。说些“你真是太棒了”之类的空话是没有用的，孩子很快就能觉察到父母缺乏诚意。

此外，父母还要帮助女孩认识到她们都会有一个特殊的未来。她们也许永远都不能成名成家，不会成为顶级精英，进不了医学院，但她们的未来都会很好很特殊，她们都会对这个世界有所贡献，而你作为爸爸很期待那天的到来。她们来到世上，经历自己的人生，而非你这个爸爸给她们设计好的人生。

另一个让女儿觉得自己独特的方法是征求并珍视她的意见。爸爸可以问问她对当下的政坛有何看法、对度假有什么想法、如何看待足球游戏，或让她对晚间新闻发表些评论。最重要的是，千万不要把女儿和她的兄弟姐妹做比较，更别提和别家的孩子做比较了。

策略五：学会聆听

当布鲁斯问由爸爸组成的观众“你们是好的倾听者吗”时，在座98%的人都没举手，因为他们心里很明白自己不是。一旦孩子遇到麻烦，爸爸们大都立即行动，他们要么告诉孩子应该怎么做，要么批评孩子做错了。这样做当然是出自对孩子的爱。父母担心孩子做错事，想帮他们纠错，但这种方法不是什么灵丹妙药。

这样做的结果就是孩子，特别是青春期的孩子，不再向父亲敞开心扉了，因为他们担心父亲知道他们的事以后会训斥他们。布鲁斯说自己也不是天生就很有耐心，能倾听孩子的心声的，但他说自己学会了闭嘴，将注意力放在仔细聆听上。

对此，他提供了两个有用的策略。第一，避免成为管道工或警察。管道工的任务是哪里坏了就去修理哪里，爸爸不需要做这个；警察做判断，施行逮捕，而爸爸要避免用审判和批评的态度对待孩子。

第二，记住“回力镖”这个词。许多人谈话的时候都会忍不住拿自己的经历说事。所以，当一个十几岁的孩子说他去了一个聚会，朋友都抽烟喝酒，而他这样做压力很大时，爸爸的本能反应会是说：“我记得我像你这么大的时候……”提一提自己的经历也很重要，但此时爸爸请尽量不要这样做，而要继续将注意力集中在孩子想说的话上，这样谈话的效果会更佳。谈话时，别让你的自我感受插一杠子，虽然听到孩子谈抽烟喝酒，爸爸难免会紧张起来，反应过度，但这样做无济于事。

策略六：谈论价值观的方式要灵活多变

在建立什么样的价值观方面，我们的孩子面临来自电视、电影、杂志，以及同伴等各方面的巨大影响。而来自这些方面的价值观往往与我们的背道而驰，这种影响甚至可以大到无法消解。爸爸在帮助孩子建立价值观方面作用巨大，其中就包括性方面的价值观。如果我们不和孩子交流这些，不在生活中给孩子做出榜样，那无异于将孩子扔进狼群里，任由他被摆布。

父母应和孩子详细讨论一些为人处世的准则，像是信任、诚实、正直、尊重他人、慷慨大方等。在日常对待邻居、外来移民、残疾人士、肥胖人群和看着“不那么酷”的普通人时，父母最好能做出榜样，言传身教，因为孩子就在旁边看着呢。他们会通过观察学会在学校如何和别的孩子打交道，这会决定他们在学校会欺负别人还是尊重他人。

布鲁斯很吃惊，竟然有许多父亲从未和自己的子女交流过性这个话题。当然，父母与孩子谈论这个，孩子会觉得尴尬，会说他已经知道了该知道的内容。当然，这也很正常——当知道自己的父亲会和自己谈到性时，难道你不会感到不好意思吗？

关于这点，布鲁斯也有一个有用的小技巧推荐给大家。你可以直接告诉孩子：“我知道你已经知道了，但我从一本关于如何做爸爸的书中得知我需要和你谈谈这个话题，如果不谈我会感觉自己不负责任，所以，你能迁就一下爸爸吗？”这招很管用（如果想知道更多相关内容，可以参照本书第七章）。和孩子在一起，可不是疏通管道那么简单，特别是面对十几岁的女儿，爸爸需要考虑许多因素。“和人交往要慢慢来”很重要，“要非常了解这个人之后再去相信他”很重要，“不要伤害别人”很重要，“不要染上疾病或怀孕”很重要。“只有自己感觉好时才和异性上床，而不是因为喝醉了或是为了取悦他人”，这点也很重要。可能你说了，女儿不见得能接受你的建议，但她会思考爸爸的这些话。

策略七：不要以为孩子与染上毒瘾无缘

为人父母，都害怕自己的孩子染上毒瘾。如今瘾君子们为了毒资，不惜拉人入伙，向未染上毒瘾的人贩卖毒品。如果你不帮助孩子抵御这些压力，那无异于助纣为虐。

要警惕孩子周围的潜在危险，和孩子谈谈，如果吸毒会遭到社会怎样的对待，或者问问孩子，他知道的吸毒者的结局。你们可以谈谈他人染上毒瘾的原因。注意，谈的时候，你也要认真倾听孩子的想法。

会染上毒瘾的孩子通常都很孤独，非常需要一个父亲般的人物出现在他们的生活中。布鲁斯再三强调一个原则，即在孩子很小的时候就和他保持亲密的关系，这样孩子成为瘾君子的概率会直线下降。我必须强调，好的亲子关系包括上文提到的用心聆听、和孩子一起玩耍，以及帮助孩子找到与众不同之处。不要太苛刻，太严格。研究表明，药物滥用的一个最常见的诱因不是生活中缺乏一个爸爸，而是有太严苛的、要求太高的爸爸。这样的爸爸让孩子失去价值感，觉得自己一钱不值。

策略八：参与到女儿的教育中

无论是男孩还是女孩，都需要爸爸参与到他们的教育当中来：抽空陪孩子做作业（如果他不反对，尽量多陪几次），从孩子小时候起就着重培养他们的好奇心，常带他们去博物馆或图书馆等地方转转。有个好办法，爸爸们可以试试：带孩子去博物馆或参观别的展览时，让孩子一一看完，回家后，再让他们告诉你他们最感兴趣的两个展览品是什么。另一个来自布鲁斯的诀窍是“安排特定的时间

一家人共同阅读”，即家里每个人都坐下来，关掉电视，一起拿起书本开始阅读。孩子们可喜欢这样做了。

批评孩子对学习的态度其实就是批评孩子的学校和老师。以前布鲁斯也抱怨过孩子的老师，但后来他意识到这样做不好，转而感谢老师能教育他的孩子，并问老师有什么事情是他能够帮忙的。积极参与学校事务的爸爸能在老师和孩子之间架起桥梁，使自己的孩子更爱学校。

策略九：明白女儿和儿子是不一样的

布鲁斯曾经调查过超过 3 000 位父亲，问他们：女儿需要从作为爸爸的他们那里得到什么与儿子非常不一样的东西呢？结果只有不到 1% 的爸爸可以回答这个问题。相比爸爸在女儿人生中的重要地位，这个调查结果太可怕了。

布鲁斯明确表示，爸爸要时常告诉女儿她有多么美丽，而且是由内而外的美丽（不是只有外表漂亮，而是从内心到外表都很美丽）。女儿从爸爸那里得到信息，知道应该期待从男人那里得到怎样的待遇。如果爸爸尊重她们，那么她们对男人的要求就自然会高，绝不会接受“渣男”。而如果女儿从小就得不到爸爸的尊重，那长大后，她就比较惨了。

在女儿长大后能否和男人保持良好的关系方面，爸爸的影响巨大。的确，影响女孩子长大后自信心的头号因素就是她与父亲的关系。女孩子需要爸爸喜欢和她待在一起，耐心听她说话，对她和她的妈妈说话温柔、行为尊重。

策略十：明白女孩更容易受到言语上的伤害

女孩有个天然的雷达，能及时捕捉到爸爸和别的男性长辈对她的评价，这一点爸爸可千万不要忽视。男孩子通过和爸爸肩并肩，像学徒一样从爸爸那里了解世事，而女孩子则依靠自己的耳朵来完成这个过程。你是怎样对她讲话的呢？是怎样对她的妈妈讲话的呢？

如果你自己的父亲在这方面做得不好，那就不要学他。许多男人并没有一个好的榜样，所以他们很容易放弃，仅仅满足于养家糊口、给妻女提供保护。这样可不行。你要打破这个恶性循环，争取自己成为一个更称职的好爸爸。

在这方面，布鲁斯心目中的英雄是托尼·库克。托尼是西澳大利亚人，在恶劣的环境中长大。你可能并没有听过他的名字。他的爸爸是一个连环杀人犯，是西澳大利亚历史上最后一个被判绞刑的人。有这样一个爸爸，托尼在家里和学校里的日子有多难过，可想而知。可是令人刮目相看的是，托尼是一个好男人和好爸爸。他清楚地意识到自己要打破这个循环，学习拥有不一样的人生。

本书读者的生长环境没有几个比托尼还不堪的吧？那我们还有什么理由不去打破这个恶性循环呢？这个尝试的过程就包括愿意去学习为人父的知识（从书本、相关讲座，以及爸爸小组等各个渠道学习），然后慢慢将从别的父亲那里学到的行之有效的方法付诸实践。

如果你对树立目标感兴趣，下面是一个简单的清单，请你在已经做到的事情前打钩。

☐ 1. 和女儿定期“约会”。

☐ 2. 和女儿两个人一起外出旅行。

☐ 3. 尽管工作繁忙，还是想办法挤出时间陪伴女儿。

☐ 4. 帮助女儿找到她与众不同的地方，使她相信自己会对世界有一份特殊的贡献。

☐ 5. 耐心聆听女儿的心声，不要急于提意见。尊重女儿的想法。

☐ 6. 和女儿谈谈如何对待他人，谈谈信任、诚实、种族主义、性别歧视、尊重等话题，也谈谈别人是如何对待女儿的。

☐ 7. 从实际出发，和女儿谈谈毒品以及它们的危害。

☐ 8. 积极参与女儿的教育。

☐ 9. 尊重女儿，这样女儿会明白她值得别人的尊重。

☐ 10. 用温柔、欣赏的语气和女儿说话，在别人面前多表扬女儿。

选完了吧？好，现在再从头看看这个清单，从你刚才没有打钩的选项中再挑选两个，看看有没有可能做到这两点，它们可能对你和你的女儿也是行得通的。不要担心，只是试一试而已。

给爸爸的忠告

前面提到的内容可能对你来说很陌生，但男人都不喜欢认输，即使这意味着我们必须走出自己的舒适地带，我们也要努力试一试。我们从小就习惯了不示弱，但能在家人面前示弱也是爱的体现。努力搞好和女儿的关系，你将融化她的心，弥补以前你无意中对她造成的任何伤害。好男人不是天生的，是通过后天不断学习产生的。

最真挚的祝福献给你这个爸爸。你对女儿来说太重要了，最关键的是，为了成为好爸爸，你尽了全力。

得到女儿爱的回报是世间最美好的事情之一。你的努力使女儿生活得更幸福，这件事的价值是无与伦比的。

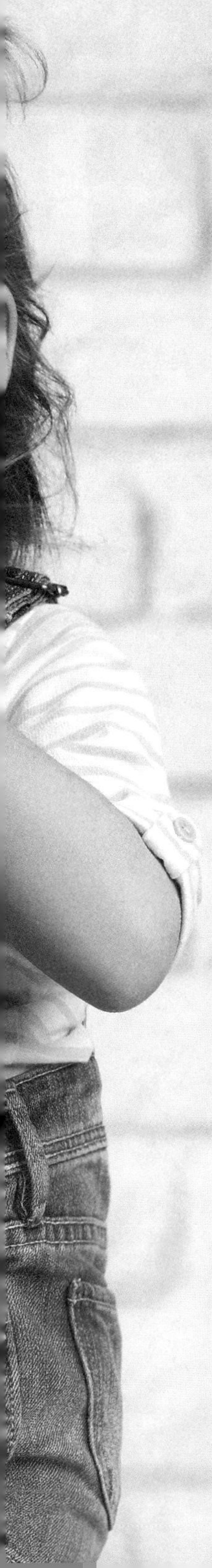

小结

- 爸爸可以给女儿的生活带来很大的不同。
- 在过去，爸爸的形象可能不太正面。不是每个人都很幸运，有一个好爸爸。
- 你可以通过学习，成为一个比你的爸爸好得多的爸爸。
- 爸爸可以借鉴布鲁斯的 10 条策略，挑选其中一条付诸实践，看看效果如何。
- 最好的男人是那些一直坚持学习的人，是那些在尝试新事物时承认自己脆弱的男人。

Spark

第五章

点燃孩子兴趣的火花

“每个孩子的内心深处都藏着等待被发掘的兴趣爱好。这也许会成为他们所有热忱的所在，是他们想要活着的意义。问题是我们该怎样发现它？我们如何让星星之火不断燃烧？它又为何重要？”

你的女儿满 8 岁了吗？如果是的，那么她可能已经充分参与到家庭之外的世界中了，比如说学校。当然，我们希望她还能通过其他的方式接触外部的世界，但是其他的参与方式对她来说是积极向上的吗？这种参与方式是否有趣？这种参与方式对她成为一个成熟女性能提供多少帮助呢？本章讨论的内容是找到女孩的内在兴趣，并以此引领她到更广阔的世界中去。

有些女孩子每天一醒来就开始焦虑不安：查看手机上有没有新短信，担心新长的痘痘会破坏她们完美无瑕的脸蛋，琢磨吃多少早餐可以不发胖。她们整天都烦躁不安，无精打采——觉得学校太无聊，自己对未来很迷茫。我们眼睁睁看着她们这样，心里知道这样是不对的。你的女儿也是这样吗？你是否因为这些快要吞噬女孩们的忧郁和不快而愤怒过、叹息过？

有些女孩则完全不是这样的。她们精力充沛，对生活充满了兴趣，似乎没费多少劲就度过了整个青少年焦虑的时期。或者说，她们用最短的时间结束了这一时期。是什么让这些孩子与那些不快乐的孩子有如此大的差异呢？

拥有一个幸福的童年及青春期的秘诀，可能与青春期专家称为“火花”的东西有关。“火花”是一个很好的隐喻，它指的是藏在你女儿内心深处的兴趣和热忱。每个女孩都有一个或多个（多个更好）兴趣的火花。我们的任务是帮助她找到这些火花，做些实际的工作让火花进入她的实际的生活，然后不再干涉，只是和女儿一起享受这段兴趣之旅。如果你做到了，你的女儿会变得更加快乐，更加积极向上，并且更加无所畏惧。听起来是你想要的，对吗？

位于美国明尼苏达州的搜索研究所（Search Institute）的研究员彼得·本森博士首先提出了“火花”的概念。本森当时已经闻名于世了——他关于年轻人的潜能的研究是积极心理学（Positive Psychology）发展的基石，他的成果在之后数千项研究中被引用。他提出的“火花”的概念改变了当今大多数人的生活。（你可以去网上搜索本森和火花的相关信息，看看他的 TED① 演讲，他完美地阐述了火花是如何起作用的。或者你可以直接读下去，了解更多内容。）

本森的研究团队发现，对于年轻人来说，在体育运动和文学艺术活动方面的兴趣（跳舞、戏剧、音乐、阅读、绘画和手工）是最常见的火花。对动物（如狗、马）的喜爱或想要保护动物的心愿本身，则排在第三常见的位置。但是兴趣的火花可以是任何事——岩石收集、定向越野赛、按中世纪的风格穿着打扮，甚至是用钝剑比武！

① TED，Technology（科技）、Entertainment（娱乐）、Design（设计）的缩写。——编者注

从自己开始

回想一下自己的童年，你就能理解火花到底是什么了。童年时期，你有自己的兴趣爱好或喜欢的活动吗？来做一下这个自我测试吧。

小时候，能够激发你兴趣的火花的是什么?

____

____

随着时间的流逝，它改变了吗?

____

____

在你的兴趣方面，你父母对你的鼓励多吗? 在符合情况的选项前打钩。

☐ 1. 从来没有。

☐ 2. 有一点点。

☐ 3. 他们鼓励了，但没有提供太多帮助。

☐ 4. 他们鼓励、帮助我，花钱让我进行相关的学习，并乐于听我讲述这些事。

你的兴趣在家庭之外有人注意到吗?

☐ 有　☐ 很少有　☐ 没有

学校里有成年人了解你的兴趣，或鼓励你发展它吗?

☐ 有　☐ 也许有　☐ 没有

最后，你的兴趣的火花怎么样了? 可以多选。

☐ 1. 它没有持续很长时间，我后来太忙了。

□ 2. 我坚持了一段时间，但最后还是放弃了。

□ 3. 我坚持了好多年，其间非常开心，我在这方面能做得很好，还认识了很多有趣的人。

□ 4. 我仍然喜欢做这件事，它是我生活中不可或缺的一部分。

现在，你已经填完了，写一下你的感受吧。

____

____

你怀念你的兴趣的火花吗?

____

____

你回忆起它的时候是否感到欣慰?

____

____

本森的团队已经研究“火花”这个概念近20年了。他发现：

1. 所有的年轻人都理解兴趣的火花是什么。

2. 拥有内心的火花的孩子在学校表现得更好、更快乐、更自信、更积极，与年长的人的沟通交流也更多。他们更加关心他人，善于交际，自己的状态也更放松。他们期待美好的未来，能更努力地工作，并且理解好事多磨的道理。

3. 如果孩子有不止一个兴趣的火花，那就更好了。事实上，有能力满腔热情地投入并掌握一件事情的孩子，往往也会想要尝试其他的事情。

4. 要让火花烧得更旺而不是熄灭，需要两个条件：其一，家庭内部至少有一个成年人对此感兴趣，并为孩子提供相关帮助（例如，开车带女儿去上竖琴课，买水族箱，找到一所好的舞蹈学校）；其二，要有一个或两个家庭外部的成年人知道孩子的兴趣爱好并且给予他支持。

5. 不幸的是，有1/3的孩子到十八九岁时，他们兴趣的火花就熄灭了。如果我们不表示鼓励和支持，火花是会熄灭的。

更广泛的好处

我们都理解兴趣爱好会让年轻人更快乐，但是为什么它会给他们生活的其他方面也带来如此大的影响呢？为什么对热带鱼或冲浪感兴趣会让一个女孩在学校表现得更好、更友善，或者对未来更有信心呢？

有很多理由可以解释这个疑问。首先，做自己喜欢的事情时，你会进入一种状态。你会忘记时间的流逝，全身心投入会使你完全放松，同时精神又绝对集中，整个人都融入正在做的这件事中。这种状态会给你带来很多好处。

其次，几乎你能说出来的每一项兴趣爱好都需要你与他人接触。通常这些人都来自现在的孩子不常接触的年龄层或是拥有独特的性格，青年人、老年人、古怪的人、狂野的人，各式各样的人。并且，与孩子的同龄人或者唠叨的爸爸妈妈不同，与孩子有着同样兴趣爱好的人并不在意他的年龄、性别或体形，他们就是喜欢与孩子聊天、分享感受并传授经验。从他们身上，孩子可以领会并学习到很多东西。他们能感受到他人的热情，学习到能让事情顺利进行的处事态度，了解到更多成功的经历（不管是在钓鳟鱼、定向越野赛、电子产品的使用，还是在时尚设计方面）。通过这些，女儿能感受到自己的价值所在，拥有归属感，并且这与她看起来多性感，发型多时尚，或者在社交媒体上有多少朋友都没有任何关系。这样，她的社交能力会不断增强，她会慢慢变成精通某一领域的专家，并且早上醒来都会想要继续做自己感兴趣的事！

以上所说的种种收获都只是附带的效果，几乎所有最有效的学习都是这样进行的。婴儿学习爬行或者走路不是因为这是人生中重要的里程碑，仅仅是因为他想要在房间中活动而已！他们感兴趣的是事情本身，而不是附带的效果（教育中考试和绩效评估的可怕之处就在于它们完全走了相反的路。其传达的信息是："做这些数学练习题，记住这个，通过这次考试，学习这个内容，也许未来某天你能用得上。"没有什么比这种强迫的方式更让孩子厌恶学习了）。只有孩子认为有用、有趣又能让他们感到有活力的东西，才能激发真正的长久的学习动力。

不恰当的兴趣

有时候，如果女孩们对某件事情感兴趣是外貌歧视和焦虑导致的，这就会对她们的生活造成很大危害。比如节食减肥并不是一个好的兴趣点，为了运动而运动或为了看起来苗条而运动，对她们来说也很难坚持。但是因为喜欢而享受运动的乐趣则完全是另一回事了。

另外，并不是所有的兴趣爱好都能让孩子更好地与外部世界联系在一起。电脑游戏虽然可以让人放松，缓解压力，但很容易令人上瘾。它还会慢慢孤立你，让你不再与他人有真正的互动。有一些游戏虽然可以让你和他人沟通交流，但是这种沟通交流也很有限。因此，玩电脑游戏要注意适度。

透视美妙舞蹈的另一面

跳舞是一件美妙的事情——人类的每一种文明，从发展之初就都带有舞蹈的印记。它似乎根植于女孩（当然还有很多男孩）的灵魂中。当我们开心的时候，我们自然而然会为之起舞，反之亦然。跳舞的时候（甚至只是在客厅里跳来跳去），我们会感到更加快乐。舞蹈不但可以表达我们的感受，还可以改变我们的心情。毕竟，情绪是我们身体的一部分——我们用自己的身体来感受，跳舞的时候，这些情绪就会宣泄出来。跳舞不仅能锻炼身体，也能陶冶灵魂。

跳舞是孩子们最喜欢的活动之一，近 90% 的英国女孩都曾经上过舞蹈课。但是有些严重的问题也会影响到跳舞，说起来并不算新鲜——对性感的追求和对外貌的关注给跳舞带来了噩梦般的影响。另外，竞争机制和完美主义可以很快把跳舞的乐趣夺走，破坏孩子本该美好的童年记忆。

心理学家治疗过很多痴迷于跳舞的女孩子。她们都承受着很多折磨，包括体形焦虑、近乎厌食症的饮食习惯、非常消极的自言自语、接近自残的锻炼方式和过度训练。而且她们都受舞蹈学校氛围的影响，改变了对舞蹈的态度，这会让她们的状况更加糟糕。还有就是现在舞蹈的新趋势——年仅 5 岁的孩子就不得不跳性感的舞蹈，还要穿上特制的配套服装，这毫无疑问会给孩子带来不良影响。

最近，为了让跳舞重回正轨，一群澳大利亚的年轻的舞蹈老师发起了一项全国性活动。他们推行了一套关于舞蹈的准则，并开始认证更适合儿童的舞蹈学校。

这套准则的一些关键点如下：

- 服装——从孩子们年龄的角度看，它们是否合适？
- 舞蹈动作——同上。
- 歌词和歌曲的选择——同上。
- 肥胖歧视——老师们是否直接或间接地表达过对肥胖人群的歧视，让女孩们因为体形问题而感到难过？
- 过度竞争和评判——用让人扫兴的态度对待本该充满乐趣的事情。

6 岁的女孩戴着假睫毛，随着“给我吧，这让我感觉很好”之类的歌词，边抛媚眼、噘嘴巴，边扭腰摆胯地跳电臀舞，与此同时，严厉的老师在一旁大吼大叫，让女孩减肥，努力练习，不断训练直到累垮为止。总而言之，这番景象也许并不是你想看到的吧。

尝试完成下面的快速评估。

你的女儿是否学习过舞蹈？

☐ 是　　☐ 否

她是否喜欢舞蹈？

☐ 是　　☐ 否

她学习的舞蹈的服装、配乐、风格是否适龄？

☐ 是　　☐ 不，过于成人化

你的女儿是否因为要跳得好而承受巨大的压力和有着深深的焦虑？

☐ 是　　☐ 有些　　☐ 否

她跳舞是自愿的，能够感到快乐吗?

（还是说，跳舞对她来说已经变成例行公事、给他人看的表演，她只有被要求才会去跳舞？）

☐ 自愿的　　☐ 不是

跳舞并不是唯一存在问题的领域，任何活动都可能走上极端。几年前，主要由青少年组成的澳大利亚女子体操队在参议院的问询中被调查，原因是许多女孩的月经停止了，她们的生长激素水平低于预期，并因此影响了她们最终的身高，甚至可能影响生殖器官的发育。人们怀疑过度训练是导致这些重大健康问题的原因。

过度训练造成的停经会导致激素水平的变化，这会引起骨质疏松，并且影响终身，更别提因锻炼带来的压力和对失败的持续恐惧给女孩们带来的影响了。

适度的竞争是健康的，但一旦过度竞争，你的女儿就会成为某人实现自己目标的利用对象。千万别让自己变成那个“某人”。

在符合你女儿情况的选项前打钩。

☐ 1. 我女儿参加活动只是为了好玩和享受，它们真的让她开心。

☐ 2. 有时她参加的各项活动会给她带来压力，或者使她的身体负担过重。

☐ 3. 她在学习的东西很难，但是这让她更加坚韧有毅力，并且她从中获得了很多东西。

☐ 4. 她喜欢她参加的各项活动，但她参加的活动太多了，我们可能不得不让她减少几个。

☐ 5. 我想我们最好放弃那项活动。对她来说，这个活动完全是弊大于利。

活出意义

为人父母，有时会陷入可怕的陷阱，我们给自己定下一个消极的（至少不那么远大的）目标，认为只走完这一遭就足够了。当生活艰难时，人们很容易只看到消极的一面，而不去追求更高的目标。我们设法喂饱孩子，不让他们招惹上麻烦，供他们上学，这些都很重要，但是它们只牵扯到管理控制的问题。

如果你发现自己生活在“生存模式”中，而不是拥有真正幸福的人生，那么最好问问你自己下面这个更“大”、更值得回答的问题：“要怎么做才能让我们的家庭真正和谐和幸福？”彼得·本森发现，大约有 1/4 的父母都关注孩子“茁壮成长”的问题，他们想让自己的孩子真正体会到活着的乐趣。

回答这个问题要从重新评估你的目标开始。问问自己：“我对孩子的最高期望是什么？”思考一分钟，看看你的答案是什么。本森提出，很少会有父母的答案是“数学成绩达到国家标准”，或是“在普通中等教育证书考试（GCSE）中名列前茅”，或是“赢得奥运会金牌”，甚至回答“变得富有而成功”的父母都不太多。如果我们认真想想的话，会发现这是因为这些并不是幸福生活的关键。

更多人会给出类似下面的回答：

- 拥有快乐的经历。

- 与外部世界建立联系，并更多地参与各种活动。
- 爱上生活。
- 做一个慷慨、有奉献精神、快乐和善良的人。

生活有意义的关键在于质量，而非数量。如果前面说的这些就是我们的愿望，那我们必须反思一下：这是我们每天真正传达给孩子的信息吗？在孩子成长的过程中，我们在内心深处是想给他们真正有价值的东西，但实际上，我们常常给他们灌输“去竞争”“要赢”“要懂得畏惧”等观念，正是这些观念让他们变得孤独、空虚、抑郁、困惑或迷茫。

给孩子足够的空间和时间去寻找他们真正感兴趣的东西是件很微妙的事情。我想，这并不意味着用大量的补习班、体育活动和其他的任务来挤占孩子的业余时间，或者让他不停地尝试不同的东西。这是件更需要耐心，甚至会有些无聊的事情，我们要允许孩子内心的自信慢慢浮现。我们的任务是发现孩子的兴趣，让他知道我们“注意”到了，并且非常乐于支持他在这方面的追求。

学校可以提供帮助

学校在兴趣的火花的维护方面扮演着很重要的角色。本森认为，老师应该注意到班上每一个孩子的火花。这是家长和老师会面时第一件需要讨论的事情。因为，如果老师连一个孩子的兴趣点是什么都不知道，他们又怎能与孩子建立起真正的联系呢？地方政府应该调查当地年轻人兴趣的火花是什么，以便更好地提供配套的公共设施。

几乎每一个年轻人的火花都是美好的，对世界有用的。我们不用担心“这会通向何方”或者“他们将来怎么谋生”之类的问题，因为个人的发展不在于最终的目标能否实现，而在于把现阶段做好。人应活在当下，听从自己内心的声音。你的思想、身体和灵魂会告诉你下一步该怎么走，今后也会一直指引你。你要相信个人的发展是一个长期的过程。

本森发现，在他所研究的年轻人中，大约一半人都从事与他们兴趣的火花相关的事业，而其他人在做着不同类型工作的同时，还保有着他们兴趣的火花并以此来不断激励自己，补充能量，这也很好。

你什么时候感觉最好、最充实

跟你的女儿谈谈兴趣的火花——最想做的事情，讨论一下在她追寻自己兴趣的道路上会出现的一些困难和障碍，谈谈她认识的人里谁有明显的兴趣爱好，再跟她谈谈你自己。

在你们日常的家庭谈话中，加入关于兴趣的火花的对话。如果你感觉近期和女儿有些疏离（比如，你一直加班），那么这是一个与她加强情感联系的好机会。

最后，身为成年人，我们也需要有兴趣的火花。在照顾其他小生命的同时，我们自己也需要拥有活力和做回自己的感觉。看看你能否找回属于你自己的兴趣的火花吧！

小结

- 每个孩子内心深处都有兴趣的火花，那是他们最想做的事情。
- 当家庭内外的成年人都支持孩子并为他提供帮助的时候，兴趣的火花就会熊熊燃烧。
- 不幸的是，太多的孩子(以及成年人)失去了他们的兴趣的火花。
- 我们的任务是帮助孩子找到他们的兴趣的火花，并帮助他们进一步发展自己的兴趣爱好。
- 一个拥有浓厚兴趣爱好的孩子在生活的各个领域都会表现得更好。
- 要提防竞争太激烈、压力过大或必须做得完美的一些活动。如果孩子真的对某一活动感兴趣，它就会给孩子带来活力和乐趣。

Aunties

第六章

妈妈的姐妹和朋友

“老天赐给女孩（尤其是青春期的女孩）的最好的礼物之一，就是她们身边的那些女人。”

女人的朋友圈

伊尔琳的妈妈已经病了很长一段时间，几个月前，伊尔琳就知道妈妈活不了多久。但是说真的，要让一个年仅 12 岁的女孩接受失去妈妈的事实太难了！那天，大人们都忙于准备和举行葬礼，没人注意到伊尔琳。坦白讲，伊尔琳在葬礼上从头至尾都表现得很平静。但当葬礼过后，前来吊唁的人开始三五成群地在教堂门厅交谈时，出于自我保护而产生的麻木感吞噬了她。一切如同在梦里，但是，她知道，这不是一般的梦——这是一场噩梦，一场她永远都不能从中醒来的噩梦。温柔智慧的妈妈已经离开了她，离开了这个世界。

她向爸爸望去，客人们正在他周围聚拢。爸爸用胳膊紧紧地将弟弟米奇揽在身边。那天早上，爸爸对她说过，葬礼后，她不必苛求自己与客人应酬，按自己的心意来就好。于是，她独自一人躲在墙角，希望不会有人注意她。

不知是什么时候，她的身边多了一个人。那是妈妈的闺密，她非常喜欢的塔尼亚阿姨——两家人关系密切，经常互相串门。此刻，塔尼亚阿姨意味深长地看着她："伊尔琳，我可以耽误你一分钟吗？"对此，她实在不知该如何回答，她想，塔尼亚阿姨找她也许是因为厨房需要人帮忙。于是她跟着塔尼亚阿姨走过拐角，沿着过道，来到一间小屋里。她并没有看到要洗的碗碟，只有五六个阿姨站在房间里，显然，她们正期待着她的到来。

她认出其中一位是特意从乡下赶过来的玛格丽特阿姨，其他人她也认识，是平时与妈妈一起跑步的朋友，也是家里的常客。她能叫出每个阿姨的名字，对她们每一个人都或多或少有一些了解。此刻，所有人都直直地望着她。先开口讲话的是最年长、头发已经花白的桑迪阿姨。

"宝贝，你听阿姨讲，我知道，这一天对你来说很难熬，你希望它尽快过去。我们把你叫过来是想告诉你，我们不会撇下你不管的。我们爱你的妈妈，也爱你。我们几个人决定，无论你有什么困难，我们都会帮助你。”

桑迪阿姨看起来很坚强，而此刻她的眼中却满含泪水。虽然伊尔琳曾发誓不哭，但猛然间，她再也控制不住了。她已经分不清谁是谁，只感到阿姨们围拢过来，身旁的阿姨温柔地、小心翼翼地搂着她。伊尔琳完全崩溃了，瘫倒在阿姨怀里，蜷缩着，她悲痛欲绝，撕心裂肺地放声大哭起来。渐渐地，她感受到阿姨们温暖的气息，渴望这气息永远留在那里，供她呼吸。渐渐地，她觉得自己终究还是可以挺过去的，尽管过程会很艰难。

成年女性：女孩的好榜样

要想走向成熟，成为女人，女孩在生活中需要有阿姨或者类似的角色相伴。这可以追溯到史前时期——早在狩猎采集阶段，人类还处在以亲族为单位的氏族社会，成年女性就会陪在女孩子身边，教她们如何做女人，把日常生活中的技巧传授给她们。照顾女孩子是一项神圣的职责。不要忘记，当时可是母系社会——没人敢招惹女人。

现在，虽然我们的生活方式改变了，但是，人类的这种心理需求未曾改变。女孩子天生需要妈妈之外的其他女性的陪伴。幸运的是，这一点并不难实现，富有爱心的成年女性天生愿意向身边的女孩子伸出援助之手，帮助她们健康成长。

在孩子小的时候，阿姨就很受欢迎；等孩子到了青春期，阿姨的作用也更加重要。每个女孩子都有些不能讲给妈妈听的话，都有与妈妈发生矛盾的时候。十四五岁的女孩子很清楚一点——她们不希望自己像妈妈一样。听到这里，妈妈们不必太过伤心——即使你是首相或是摇滚明星，你的女儿也会这么想。在孩子的成长阶段，妈妈很难做到不伤心，但是请相信这只是暂时的。孩子有这种想法

是必然的，就像火箭助推器把卫星送上太空一样，它可以助推孩子离开妈妈的保护，沿着自己的人生轨道独立前行。女儿的这种反应尽管稍显过度，却是人生成长过程中必不可少的一环，否则，她们永远不会独立，不会（在将来）离开家独立生活。不愿做妈妈的翻版与真的讨厌父母是两回事。

因此，少女在生活中特别需要妈妈以外的成年女性陪在她身边。如果生活中没有这样一位女性，女孩子就只能转而从另一个女性群体——同龄女孩——那里寻求新的智慧，接受新的观点，得到关爱，找到心理平衡。

虽然她们可以从同龄女孩那里得到陪伴和快乐，但是这些同龄人缺乏能力和知识为她们提供真正有价值的帮助。世界上最辛酸的事之一，莫过于当可怕的事情发生时，孩子因得不到大人的及时回应，只好到同龄伙伴那里寻求帮助（我认识一个十二年级的女孩子，她和朋友们帮助一位小伙伴的方式就是带好吃的给她吃。因为那个女孩子的妈妈太过忙于自己的事，家里的冰箱几乎是空的）。但是，你要知道，靠同龄小伙伴为孩子的人生指点方向，绝对是不可靠的。同龄女孩只会带给你的女儿更多的焦虑和不安，而不是为她解压。她们是她的竞争对手，并非总是那么可信和可靠。

无论现在还是过去，女孩子都需要智慧、冷静、坚强和充满活力的阿姨亲近她、安慰她、赞美她和引导她。妈妈会问女儿："换内衣了吗？"而阿姨会问到一些人生的大问题，例如："你希望过怎样的生活？什么对你重要？你支持哪些观点？"虽然和妈妈一样，阿姨也会关心女孩的生活，但是女孩会觉得阿姨是更适合谈心的对象，因为阿姨不会太过焦虑而使事情变得更糟。

尽管如此，阿姨也会有讲话不客气的时候。恰恰是这些深爱我们的人，对我们讲话不客气的人，能被我们记住。我认识的很多年轻女性在反叛的情绪上来时，不但会冲父母发火、情绪不稳定、看什么都不顺眼，甚至还会随随便便就上了刚刚才认识的醉醺醺的男孩的车，或者会接受派对上陌生人递过来的饮料，还可能在凌晨三点，没有朋友的陪伴的情况下，独自回家（虽然我知道，女人有权夜不归宿，甚至可以露宿街头，但是，这种行为实在愚蠢）。她们也会在伤心时，醉酒驾车，悲观厌世。但是，每当此时，她们的头脑中都会闪现一位阿姨愤怒的面孔，好像在说："这么做，你傻不傻呀？"这时候，她们就会对自己说"不，我不能这样做"，然后及时醒悟，停止所有这些愚蠢的行为。你看，即使不在身边，阿姨也可以救你一命。

在了解男孩子和成年男性方面，阿姨也颇有见地，她们不会轻易为男性所动（这也许就是为什么单身阿姨往往更有魅力）。她们会说："他可能长得挺帅，但是宝贝，你要知道，外表一文不值！半小时的工夫，他就会令你生厌。"当然，还有更多不便在此转述的内容，你知道我在说什么。阿姨会告诉女孩不必太在意男孩子的想法，教她们如何让男孩子听从自己的建议，如何发现值得交往的男孩子，如何鉴别人渣。这些建议可都是无价的啊。

如何为女孩当一个好阿姨

下面我们就来讨论一下如何当一个好阿姨。你可以在孩子八九岁的时候邀请她来家中过夜，住上一两天。在阿姨家受到款待，美美地睡上几个晚上，这些经历会使孩子终生难忘。但为了让女孩子感到更加安心和安全，你最好在老公和儿子不在家的时候这样做。女孩会觉得她又有了一个家，会意识到自己是独立的，家庭之外的世界也会张开双臂欢迎她。

在女孩的青春期，告诉她你所知道的有关青春期的一切，告诉她，青春期是多么的美好（关于这一点，详见后文）。在她更大一些时，定期与她见面——可以考虑安排每月一次的共进午餐的时间，时时了解她的世界。也许，她正迫切需要与人分享交流一些不便讲给妈妈听的事情。那可能是很严重的事情（比如，继父的触摸开始令她不安），也可能是她开始注意到自己的性取向不太符合社会规范，更可能是有关日常生活的事（比如她如何为自己的父母和朋友担心，如何因自己进退两难而焦虑）。你们也可以选择很多轻松愉快的话题。在女孩看来，阿姨通常不像妈妈那样总是忧心忡忡，她们更具冒险精神、不会太注重穿着打扮、更爱开玩笑。总之，对女孩来说，阿姨比妈妈更有趣。

阿姨所做的这一切不是为了和妈妈竞争或是取代她的位置。在女孩面前，阿姨要尊重她的妈妈。阿姨不是女孩的第二个妈妈，而是一个可以随时探望、倾诉的对象。一个好阿姨不会一心扑在女孩身上，要记住：过犹不及。和阿姨共处的时间、阿姨的不俗品位和她给予孩子的亦友亦母的感觉都会鞭策和鼓励孩子。

你也不必太拘泥于阿姨的角色。你给予女孩关爱可能只是因为你住在女孩家附近，在内心感受到与这个女孩的某种缘分。正如前面所提到的，阿姨的角色源自古老的母系社会，进入这个角色是我们女人的天性，我们可以很自然地进入这个角色。这个角色虽然需要轻松对待，但是要求你绝对可靠。只要女孩需要，你就会出现。

你自己的女儿在成长的道路上，也需要阿姨的陪伴，这是相互的。你可以让自己的姐妹做孩子的阿姨："你可以当孩子的阿姨吗？"也可以更具体些："我家丫头今天怪怪的，好像有心事，你能和她聊聊吗？"女孩子很敏感，所以大人与之交流时要讲究技巧。作为阿姨长期融入她的生活，不失为一个好选择。

如果上面所讲的内容看起来有些难懂，那就请你原谅我这位男性作者的笔拙。我想你一定知道应该做什么、怎么做。有的人喜欢与年轻女孩在一起，主要是因为她们有趣，与她们在一起很开心。

下面是一个互动环节，如果愿意，你可以有选择地回答。

1. 阿姨在你的成长过程中是否重要？

□重要　□有点重要　□不重要

如果重要，她们为你做了哪些对你有帮助的事情？

____

____

如果不重要，请设想一下，一位聪明、善良、体贴的阿姨会给你的生活带来怎样的改变？

____

____

2. 你的生活里是否有侄子、侄女、外甥、外甥女，或是好朋友的女儿？

□有　□没有

如果有，你觉得自己是他们生活里很重要的一部分吗？

□是　□在一定程度上是　□不是（当然，你们之间的距离也是一个影响因素）

3. 你认为自己的女儿是否可以从她身边的阿姨或其他类似的角色身上受益？

□是　□在一定程度上可以　□不是　□她身边已经有了一个（或两个）很棒的阿姨

4. 你可以争取到家人或朋友当自己孩子的阿姨吗？

□可以　□可能可以　□不可以

拥有美好的青春期

女孩子的青春期表现和男孩子的大不相同。女孩子的个子长得飞快，男孩子长得相对慢些；女孩子的青春期会早些到来，往往比男孩子早一年或者更长的时间；男孩子的青春期是个渐变的过程——他们可以慢慢适应，但是女孩子在青春期要经历一个生理突变。这个生理突变是指她的月经会不期而至——突然某一天，月经就来了——她性成熟了。从此，她成了女人。这令她很紧张，很有压力。这一节主要探讨父母如何帮女儿应对好这一转变，如何为女儿发现和创造各种机会，使这一转变成为她人生旅途上的一个特殊而有意义的拐点。参与测评本书的妈妈们认为这一节的内容最能引起她们的共鸣，也最有帮助，她们会将这一节的内容综合用于女儿的成长规划。我希望你也可以从中受益。

在 20 世纪，月经初潮仅被视为一个令人窘迫的卫生问题。

正在读这本书的妈妈们大多都有不太愉快的月经初潮经历。

请在以下选项中选择你对父母在自己月经初潮时处理方式的评价。

☐ 1. 很糟糕，指导无方，令人尴尬。

☐ 2. 他们的处理方式还算可以，但他们更多是针对实际问题，没有指出月经初潮对于女人的特别与美好。

☐ 3. 其实还不错。我的爸爸妈妈表现不错，让我感觉还行。

☐ 4. 那是一次很特别的经历。它让我和妈妈更亲近了，我觉得自己长大了，很兴奋地准备进入女人的世界。

通过回答这些问题，你可以意识到自己关于青春期这个话题的各种感受，负面的、正面的、复杂的。我们把问题提出来，是为了你能够分辨出自己的感受属于哪一类型。回答问题时，请停顿片刻，细细体会、尝试分辨自己的感受。在决定答案时，体会这些感觉并且反复斟酌这些选项，这对你有好处——通过更有效的辅助方法（你过去可能并没有接触过这些方法），你可以很好地确定自己当时的感受。

金姆·麦凯布

金姆是一位青少年工作者，从事性教育、如何做女孩子的父母、儿童心理学方面的研究已经 20 多年了，是“女孩成人礼”（Rites for Girls）这一机构的创始人。该机构主要为英国推行“成人礼”项目和青春期少女互助小组项目培训执行人。她的新书《初为女人》（*The Emerging Woman*）刚刚出版。在全球范围内，越来越多的家长和教育工作者开始关注她的网站 www.ritesforgirls.com，从中获得有价值的资源和想法。

鉴于少女的青春期属于女性研究领域，我争取到了金姆·麦凯布的帮助。金姆是一位不错的朋友，在青少年教育领域有多年的工作经验，她的工作围绕英格兰苏塞克斯（Sussex）青春期早期的女孩子展开。在那里，她首创了活动时间长达一年的青春期少女互助小组。她希望互助小组能使青春期成为孩子和家长生命中一段积极向上的时光。互助小组备受妈妈和女孩子的喜爱。目前，金姆正在培训其他人也这样做。本章接下来的内容大部分来自金姆的观点，请你以女性的视角阅读！

月经初潮

女儿的月经初潮标志着她人生的一次巨大转变——现在开始，她可以生儿育女了，她加入了全球育龄妇女的姊妹团体。月经初潮是少女迈向女人世界的重要一步。

对于很多女孩子来说，月经初潮是超级隐私，是不能公布于众的事情。你要尊重她希望保密的心理，即便你心中充满了激动、喜悦和伤感。

月经初潮是人生的一个门槛，跨过这个门槛的瞬间，女性就进入了人生的一个新阶段。大多数女性清晰地记得月经初潮时的各种复杂情感。你自己当时的感觉如何？对你来说，这有什么特别的意义吗？你曾有多么希望那是一次不同的经历？事情发生时，你告诉谁了？他们是如何反应的？

月经初潮是体内激素发生剧变导致的，初潮体验因人而异。对于一些女孩子来说，这标志着一个崭新的、特殊身份的开始，对此，她们盼望已久；对于另一些女孩子来说，这可能令她们感到窘迫和恐惧。有些孩子默默接受了这件事，私下里觉得这很特别，有些孩子感到害怕和崩溃，有些孩子则与情绪不稳定、腹部绞痛、腹胀等身体不适相抗争，也有些孩子根本就不理解这一切都是为了什么。

如果在女儿的成长过程中，你已经以一种令她舒服的方式，提前给她讲过有关女性经期的一些常识，你的女儿就能更好地面对自己的月经初潮。只有我们敞开心扉谈论此事，她才不会感觉自己无知，不会被误导，不会为此感到羞耻、窘迫和恐惧。于 1953 年成立的自杀援助热线组织（The Samaritans）源于一个 14 岁女孩子的自杀事件。她在月经初潮时，因无人倾诉，认定自己得了性传染病，结束了自己的生命。

实用贴士

父母应确保孩子在月经初潮时知道如何应对。当时她可能不在家，或者不想让其他人知道这件事，所以请参考以下问题：

• 她知道可以使用什么经期用品（卫生巾、护垫、棉条）吗？知道到哪里可以买到或找到这些经期用品以及如何使用它们吗？

• 她知道如果手头没有经期用品，可以用卷纸临时替代吗？

• 她知道如何洗去衣服上的血迹吗？

让孩子了解，第一次月经之后，第二次月经可能在几个月后才出现，也可能在几个星期后就降临。她的月经经过一段时间的调整，才能进入到一月一次的规律周期。你需要向她解释，上述情况都属正常，不必担心。越来越多的女孩在头几次月经时会感到腹部绞痛，如果你的女儿也这样，你要告诉女儿，情况不会总是这样的，过一段时间，就会好些。如果剧烈的经期腹部绞痛持续数月，就可能是内分泌失调的缘故，需要向专业医生咨询。

与孩子交流情绪问题也同样重要。

• 告诉孩子，经期情绪起伏较大是正常的，她不必压抑自己的情绪。

• 告诉孩子，第一眼看到流血的时候，谁都可能会被吓一跳，因为出血不仅是月经初潮的迹象，也是受伤和疼痛的迹象。

• 心平气和地与孩子分享你的经期经历，例如，情绪波动、经前紧张、对糖的渴望等，以及你的应对方式。

• 确保孩子懂得，从月经初潮时起，她就有生育能力了。在经期、初潮期，甚至初潮前，她都有可能会怀孕。与孩子交谈时，不要用批判的态度或是太过严厉的语气。

与孩子谈论以上内容，无论何时都不晚，即便是孩子已经来月经之后。孩子迫切地想知道以上反应都是正常的，她无须遮遮掩掩，而且，她需要知道身为母亲的你一直都在她身边。

在出现问题之前，你越早将以上内容告知孩子越好，让孩子感觉这些都是生活中正常的事情。充分利用电视、广播、报纸提及这些问题的时机，与孩子进行讨论。你可以和孩子一起读相关的书，运用你的幽默，和孩子一起傻笑。

让月经初潮成为特殊而有意义的经历

当你发现孩子第一次来月经或者她告诉你自己来月经了时，你可以做些事情纪念这一刻，使之成为孩子生命中一次特殊的经历。但你也要倍加小心，从此刻起，你已步入圣地，女儿需要你敏锐地体察她的状态并尊重她。

庆祝一下，让这一刻成为孩子人生中的一次特殊经历。庆祝的方式有很多种。通常送孩子一份特别的礼物就可以，它可以是纪念品，也可以是唤起回忆的物品。你也可以通过给孩子写信的方式庆祝，一封发自肺腑的书信可以表达很多你不能当着孩子的面大声说出来的内容。你还可以安排一次外出旅行或者两个人一起做一件事，当然也可以和孩子一起尝试一些大胆且不同寻常的活动。表面上看，这只是两个人一起做事，但你这样做向孩子传递了明确的信息：

> 作为妈妈，我欢迎你进入女人世界。在我眼中，从此有了一个崭新的你，一个与我平等的女人。我希望你从一开始就热爱这个新的角色。这是你人生中重要的里程碑，我祝福你。

迎接成人礼

做到以上几点对你来说也许已经足够，但是我们还想推荐你采用另一种方式为孩子庆祝——邀请女儿成长过程中重要的人物参加她的成人礼，特别是那些对她来说很重要的、可以为她提供帮助的阿姨们。早在远古时期，我们人类就已经会为孩子举办成人礼活动了，而且这种活动一直持续到现在。成人礼意味着孩子身边的大人向孩子宣布：“我们关注你、支持你，我们承认你已经长大成人并且能够为自己负责了，我们也期待你这样做。”

成人礼很重要，可以让女儿有种强烈的仪式感。如果不这样做，她们就会用自己的方式来表明她们已不再是孩子了。糟糕的是，她们选择的方式往往是饮酒、飙车、放纵自己甚至因此怀孕。各种触目惊心的冒险行为就是她们庆祝自己成人的鲁莽方式。所以，安排一些更为有意义的成人礼活动，可以改变孩子的生活，甚至可能挽救孩子的生命。这样做真的非常重要。

如何筹划成人礼

步入成年意味着心理上的巨大转变，其中一个意义重大的转变是从女孩到女人的心理转变。如果我们作为大人安排一些活动来纪念女儿的这种转变，她就更可能成为一个有见识的成熟女性，而不是成为一个不成熟的女性。以不成熟的心态过成年人的生活是很艰难的——尽管很多人都这样活着。我们要在女儿成熟的过程中投入更多的精力，让她意识到做女人意味着什么，引领她成为一个真正的女人。

成人礼的创新

成人礼的形式可以像婚礼、洗礼、葬礼等其他仪式那般繁复，也可以很简洁。成人礼不必安排在户外的小树林里，不一定要采用周围摆放着点燃的蜡烛、唱圣歌和其他许多孩子觉得“离奇”的形式！

成人礼的形式，可以既普通又特别。你可以将这样不张扬的仪式办得有意义且不令孩子尴尬。青春期的孩子特别容易感到局促不安，需要父母小心对待，如果你希望她能够全程参加自己的成人礼，了解这一点很重要。在合适的场合，奇迹会发生，人们会在某一刻意外地被打动，然后讲些或做些自己都觉得惊讶的重要而特别的事情。请相信，简单而真诚的成人礼会很有效。无论是你自己设计还是你与孩子共同筹划了这场仪式，请你明确一点，这是她的成人礼，需要针对她来量身定做。这场成人礼既要具有仪式感，又要让女儿感觉舒适。

邀请重要的阿姨参加成人礼

女孩的成人礼有三种，最简单的一种就是上文提到的只有你和孩子参与的活动。

第二种是邀请那些爱护和在乎孩子的女性参与。在我看来，这种做法最有影响力，也最有意思，孩子可以从中深刻体会到自己的价值所在。女儿会被感动、被影响，在场的每个人都会感受到奉献的伟大。

你也可以邀请与你女儿同龄的孩子的妈妈们共同设计一个团体成人礼（这是我们所说的第三种形式），但要注意，在其中安排一些专为自己女儿设计的活动内容更能打动孩子，因为现在专门为孩子量身定制的活动越来越少了。这种成人礼意义深远，身为一群“成熟女性”中的“年轻女性”，她会感受到一种庄重与力量，这可以深深地改变她。

听从你的直觉，直觉认为适合孩子的，准没错。你也可以与家里年长的女性、闺密或者其他年轻女性探讨什么活动最适合孩子，但你先要问自己对这个问题的看法。相信凭借自己对孩子的了解，你会找到庆祝她初为女人的最佳方式。

成人礼的筹划

• 从思考什么会令她开心开始——先要进入孩子的心理舒适区。

• 对孩子来讲，什么最重要——什么可以让孩子意识到它很重要？

• 什么会令她脱离舒适区并感到紧张？

• 谁可以帮助孩子摆脱紧张，使她处于自己的心理舒适区？

• 孩子生活中有哪些重要的女性——还有谁可以参与成人礼的策划？你还可以邀请谁？

• 谁来担任主持——你自己、朋友、家人，还是专业的司仪？

• 你可以做些什么让孩子感到特殊而有意义？

• 意外惊喜（神秘嘉宾、附加的挑战环节、祖母的寄语、为孩子特制的手工品）可否为成人礼添彩？

• 哪里可以作为最合适的举办地点——舒适的、私密的，还是特别的地点？

• 拍照的相关事宜。拍下全过程也许是个好主意，但拍照可能会干扰活动的进程。所以，你有必要事先决定好你要拍什么，并与在场的人说明情况。我们建议在仪式结束后拍几张全体合影就可以了。

所有仪式都包括开场、活动过程、结尾和宴会四个部分。这就像点燃一支蜡烛、谈话、吹灭蜡烛、分享一杯热巧克力那么简单，但是也涉及很多具体问题。

具体操作方式

欢迎词

欢迎词应使客人感到轻松愉快，最好提及未能到场的客人以示尊敬；欢迎词还应宣布邀请大家过来的目的（庆祝你的女儿挥别童年，迈向成年），告诉他们接下来有哪些活动；你也可以在欢迎词中多讲些你和孩子为了今天的这一切各自付出了什么。如果你能告诉来客你希望他们在成人礼上做些什么，他们会很感激。身体的接触可以增加亲密感，与孩子握手、给孩子洗手或洗脚、按摩孩子的手脚、拥抱、亲吻、把手放在孩子的头上……虽然这些都是不经意的动作，但它们会让孩子感到亲切。

活动过程

这个环节是整个成人礼的目的和意义所在。活动的形式不限。可能女儿自己已经为此做了准备，她可能已下定决心并发誓要在仪式上大声发言。你可能已经用激将法让她同意表演一个节目，或已经邀请一些与她亲近的人以某种方式参与她的表演。

祝福

大家在仪式上讲的话很有分量，成人礼是祝福孩子的最佳场合。你可以表示对女儿的支持、对她能力和实力的肯定，也可以讲些暖心的话或至理名言。

意味深长的礼物

送给孩子一件有意义的礼物来肯定她的进步。这件礼物应该可以让她明白自己拥有怎样的能力，并且成为她的护身符。选礼物花费的时间和心思比礼物本身更珍贵。

礼物推荐：装满宝贝的手工手袋，家人的首饰，心形的小石头，发自肺腑的书信，承载着你的过去的小饰品，一首诗，种在特定地点的树，传家宝，自制的物件或者一个简单的小盒子。

结尾词

向大家宣布典礼的结束很重要。感谢他们的到来、吹灭蜡烛、给孩子一个飞吻、鼓掌、拥抱孩子、唱出孩子的名字、高呼三声加油……只要是你觉得合适的事你都可以去做。

欢庆

以宴会的形式结束成人礼，以美食、嘉宾、音乐、欢歌笑语庆贺这美好的一刻。有人可能认为必须要跳舞！如果不跳舞，至少要有音乐或歌唱。

当你女儿成年的时候，你愿意安排什么特别的活动来纪念或庆贺吗？

□愿意　　□可能愿意　　□不愿意

你愿意邀请其他女性走入你女儿的生活吗？

□愿意　　□不愿意

你希望女儿的青春期成为你为人父母的人生中的一个里程碑吗？

□希望　　□希望，但是有些恐惧　　□不，我对此很恐惧

希望你对以上问题的答案都是肯定的。如果不是，也希望你可以通过阅读本书，在孩子的青春期到来之前，获得一些信心！

父女之间的界限

作为异性，父亲需要重视女儿的隐私并小心对待。父亲要尊重她的私人空间！青春期早期或者更早些，她就有了强烈的私人空间的意识。虽然你的家庭可能对与孩子的身体接触和共同洗浴持有很开放的态度（譬如在她小的时候），可是等到孩子稍大一些，情形就不同了。

下面是一些注意事项：

1. 未经允许，不要闯入女儿所在的卫生间。

2. 进入她的卧室前，永远先敲门，未经允许，不要进入。对于女孩子来说，知道自己有一个安全、私密的空间是很重要的。

3. 当拥抱或搂抱孩子的时候，对她的反应要敏感，无论她接受了你的身体接触还是身体紧绷或后退。处于不同成长阶段的孩子会有不同的反应。

4. 如果作为父亲，你觉得女儿的状况有些不对，需要检查她的房间，那你一定要让孩子的妈妈代劳。妈妈这么做，也许女儿会感到被侵扰而小有怒气；但是如果爸爸这样做，她会感到被冒犯、被出卖。

5. 如果你是单亲爸爸，你可以与女儿讨论女生的事情，她也可能高兴你这样做。但如果你觉得，这些事由一位她信赖的女性来做她会更舒服的话，那么阿姨、奶奶、外婆都是不错的选择。具体由谁来扮演交谈者的角色要让孩子自己来决定。

在过去的蒙昧岁月里，父亲往往认为自己根本就不该与女儿有身体接触，尤其是在孩子的青春期。很多女性每当谈起父亲在自己青春期时表现出来的尴尬和疏离就很伤感。父亲的这些表现让女儿觉得自己做错了什么，觉得父亲不再喜欢自己了，觉得父亲根本就不喜欢她长大。在青春期，依旧与女儿保持亲密很重要，只要这是她想要的。与和他人相处一样，你只要确保女儿喜欢你与她相处的方式就可以。不仅在青春期，在孩子的每一个年龄段，你都可以向孩子——无论男孩还是女孩，持续表达温情与爱意。

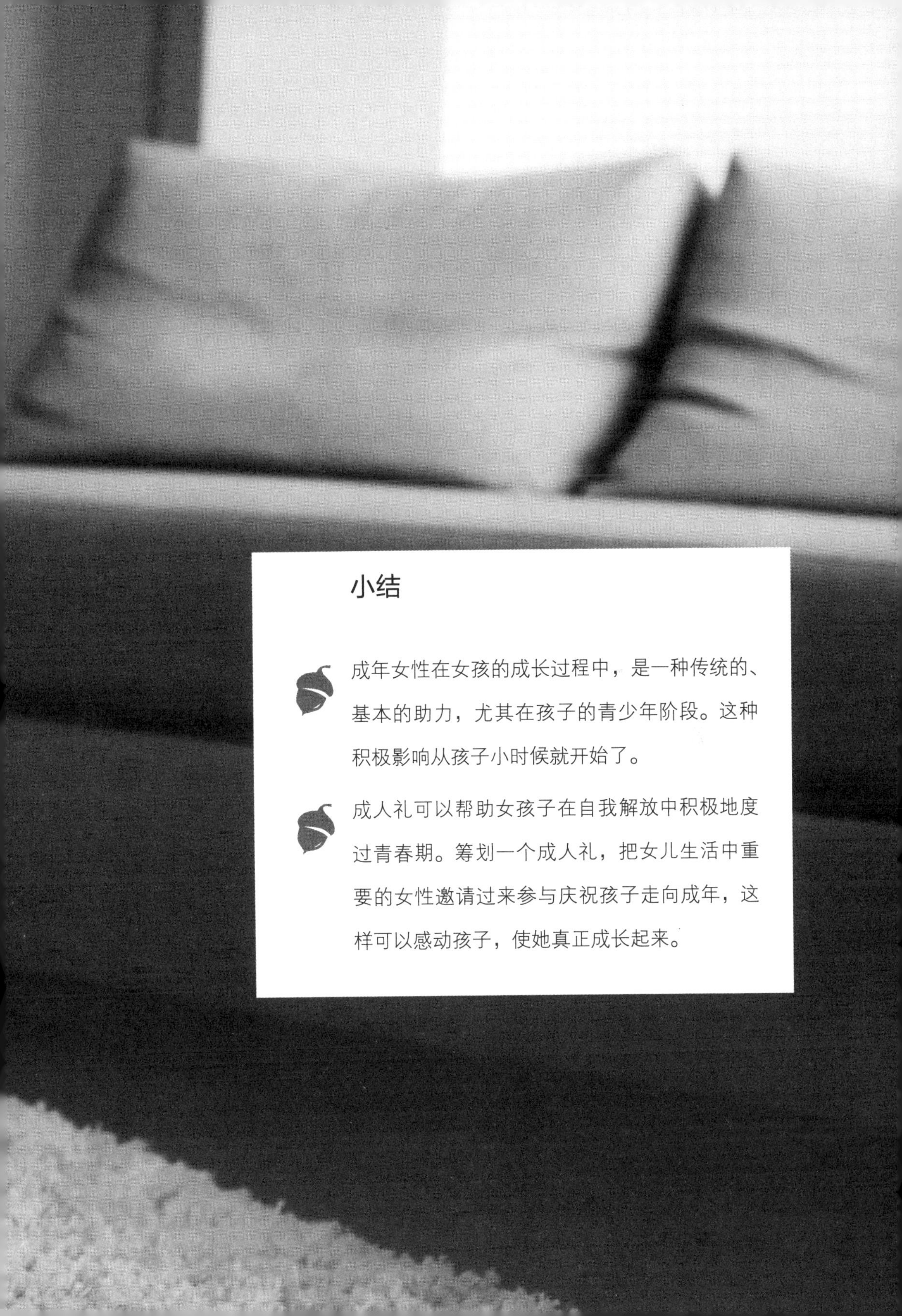

小结

- 成年女性在女孩的成长过程中，是一种传统的、基本的助力，尤其在孩子的青少年阶段。这种积极影响从孩子小时候就开始了。
- 成人礼可以帮助女孩子在自我解放中积极地度过青春期。筹划一个成人礼，把女儿生活中重要的女性邀请过来参与庆祝孩子走向成年，这样可以感动孩子，使她真正成长起来。

A

Happy Sexuality

第七章

和异性愉快相处

“世界上的很多事情都在向有利于女孩子的方向发展，性教育却不在其列。大量的色情产品充满暴力并把女人当作玩物，这些内容正在误导男孩子。不仅男孩子需要接受更好的性教育，女孩子也需要大人告诉她们性是美好的，她们在性方面理应受到更好的对待。”

艾比微笑着用力将自己从与卢克的吻中移开，她感觉急需换口气，否则就要窒息了。卢克和艾比的额头相互轻擦触碰，他们将脸紧紧贴在一起，眼帘低垂着，用触觉感受彼此。他们俩现在 16 岁，每隔两天见一面。在一起的时候，他们或者谈谈身边的故事，或者完全沉浸在幸福的拥抱中，当然还有那些令人窒息的吻。

卢克从来不会强迫艾比，也没有索要更多。靠近他，艾比觉得很安全，这是她喜欢卢克的一个原因。她也曾想过再进一步，但觉得最好还是不让事情复杂化。事实上，艾比一直坚守底线，她认为自己要找的男孩子一定不会强迫她。如果哪个男孩子强迫她，她就不会再理睬那个家伙。

如果说在性方面有什么要坚守的话，那就是，她的第一次，要由她自己做主，要非常美妙。内心深处有个声音告诉艾比，现在还不是时候。她坚信如果时机成熟，她会知道的。

很多父母（特别是爸爸）回避女儿的性问题。这说明了一个很严重的问题：对这些人来讲，在某种程度上，女儿的性一直都是令他们尴尬、不敢轻易触碰的领域。这多遗憾啊！如果想都不能想，还谈什么与孩子交流；如果不交流，还谈什么帮助自己的女儿？这就是本章要讨论的话题。

关于孩子的性，大多数父母有两个目标。首先，我们希望孩子长大后，他们的爱情生活是幸福美满和激动人心的，他们与自己的爱人是彼此信赖和亲密无间的。其次，我们希望他们在爱情的道路上慢慢地（更确切地说要“很慢地”）安全健康地前行，不会遭遇太多的痛苦或失望。当然，我们也不希望孩子在性方面被他人利用。作为过来人，我们知道性的潜在风险和灰暗的一面，也深知性的美好。

在当代，错误的性观念已经成为世界范围内最突出的问题之一。只要关注年

轻人的生活，我们就会发现一个令人震惊与不安的倾向——年轻人的性经历是不幸的，是对他们的成长有害的。其原因不难发现。网络色情受到年轻人（特别是男孩子）的追捧，错误的观念主导着这一代人对性的认知。同时，在学校，性教育并不都很成功，在家中，我们对性又很难启齿。网络色情极为负面的影响没有得到应有的抑制。

幸运的是，我们已经学到了很多关于如何帮助孩子认识性的方法。实际上，年轻人渴望得到我们的指导。无论他们表面上看起来是多么孤傲冷漠，多么不愿意与我们大人沟通，他们都需要我们的监督，需要我们为他们设定性行为的边界。因为他们在这方面还不够成熟，不能做出正确的选择。尤其重要的是，他们需要父母能够敞开心扉来与他们谈论性，彻底想明白性到底是怎么一回事。并且，他们需要了解，作为家长的我们对爱和性的态度是非常积极肯定的。在生活中与成年人交往时能够无话不谈并通过这种方式增强对事物的认知的女孩子，在性行为方面往往更有自制力，能做出更好的选择，她的性体验也更为愉悦。

这一章对你的女儿来说很重要，无论她现在几岁。因为性是一种终生教育，我们需要女儿了解以下三点：

1. 性是美好的。
2. 她的身体属于她自己。
3. 她理应享有选择爱的方式的自由。

色情产品的危害

梅琳达·坦卡德·雷斯特站在一群 12～18 岁的女孩子面前。孩子们身穿整齐的校服，围坐在地板上。对于这个年龄段的女孩子来说，她们显得异乎寻常的安静。梅琳达是“集体呐喊”（Collective Shout）这一组织的创立者，这是一家全国性的年轻女性组织，它的宗旨是抗议和抵制对妇女和少女的性剥削。梅琳达行走于各处的学校，向不同族裔、不同年龄的女孩子宣讲性、爱方面的知识。她每年宣讲的次数可达几十次。每次她的宣讲结束时，女孩们都报以雷鸣般的掌声并纷纷围拢过去，眼含热泪地向她致谢。她们与她分享自己的个人遭遇，如在公交车上被陌生男孩或成年男性占便宜或性骚扰，在校园里被男生调戏或有人向她们讲一些淫秽的言语。她们还向她讲述自己在与男友交往的过程中遇到的与性有关的事情，例如，她们如何被迫做一些自己不喜欢的事情，当她们满心欢喜、充满信任地去迎接性的时候，那个她们信赖的好男孩如何变得十分粗鲁、满口脏话，甚至会伤害她们的身体。

当梅琳达把女孩子的这些遭遇讲给男孩子听的时候，他们通常面带羞愧和悔意。因为他们意识到自己确实是这样对待女孩子的，但是他们在做这些事情时并没有意识到自己的行为带给对方的伤害与羞辱。他们所接受的（错误的）性知识使他们误以为这样对待女性是正常的。

从性方面来说，这一代孩子的成长环境不是很健康。在广告、媒体和音乐短片中，性常常被滥用，特别是在当今互联网浪潮的席卷下，色情信息的泛滥导致很多年轻人的性认知被严重扭曲，他们对如何实施性行为，对如何使性成为一种彼此关爱、逐渐明朗的恋爱关系的一部分，有很多错误的认识。

澳大利亚悉尼的伯内特研究所（Burnet Institute）的最新研究表明，90% 的男孩子和 60% 的女孩子在 13～16 岁时接触过色情产品。男孩子接触色情产品的平均年龄在 13 岁，44% 以上的男孩子每周都观看色情视频，37% 的男孩子每天都要看。这些数字反映的只是冰山一角，色情行业已经形成庞大的产业链。我们的商品社会正在大量炮制性产品，而我们的孩子成了这些产品的试用者。

几十年前，为了看一眼《花花公子》（*Playboy*）上那些躺在绸缎床单上的美

女，男孩子要躲着大人，偷偷摸摸。如今，情况可大不相同了。一项研究发现，88% 的色情产品都含有针对女性的暴力内容，50% 以上的产品带有侮辱女性的词汇。色情产业的捍卫者声称，这些产品中的大多数有关施虐和受虐的内容都是参与者双方自愿拍摄的。然而，十四五岁的男孩子是否懂得这些，是否能够从中得到什么有益的信息？对此，我深表怀疑。这些色情产品主要传递给男孩子如下信息：为了钱，女人仿佛愿意被辱骂，甚至愿意被打屁股、扇耳光、勒喉咙、拽头发。问题的关键在于，这些误导对于 14 岁的男孩子来说，即使不是危险的，至少也是令他们困惑迷茫的。

不幸中的万幸是，并非所有的男孩子都会被卷入这种色情的秽流，如果父母适度限制他们的上网时间，他们接触色情信息的机会就会大大减少，也有些男孩子不会为色情信息所动。即使这样，我们也不能忽略色情产品在这些孩子的内心引起的矛盾冲突（小的时候，这些孩子一直被教育要善待女孩子，可是屏幕上的一切与此背道而驰），他们可能会被洗脑。当看到色情电影中的美丽女性时，男孩子很难无视这些内容，很难阻止它们进入自己的意识。

为什么色情产品充满暴力

男孩子和成年男性也是人，在发生性行为的过程中，他们体内会释放催产素，使得他们充满柔情蜜意。他们如同女性一样渴望爱、信任与激情。然而，色情图片和电影看得再多，他们也得不到真正的爱。看完后，没过几秒，他们就会觉得空虚乏味，因为他们并没有感受到那种躺在爱人臂弯中的甜蜜和温暖。并且，在他们观看色情图片和电影时，大脑分泌的内啡肽会很快熟悉色情产品的套路。所以，色情产品如果平淡无奇就很难保有吸引力，只能不断以新奇取胜。为了扩大影响力，色情产品生产者变本加厉，使色情产品更加直白、暴露、重口味，这样此类产品中就有了更多的暴力内容。这一切都是为了激发更为强烈的性欲。最终的结果就是，男孩子所接触的色情产品已经不堪到了无法言表的程度。

色情暴力有很多危险的负面影响。屏幕上受虐待的女性形象与男孩子的原有认知相矛盾，为了化解这种矛盾，他们只能选择认为这些女人是咎由自取。这样一来，他们对女性的同情消失殆尽，开始在内心中贬低女性。这是一种僵化地看待性的方式，它令男孩子将性与恋爱的关系分离开来。对色情信息上瘾的男孩子往往不那么善于与现实生活中的女孩子交往。

色情暴力如此严重的负面影响令为性自由和性解放而努力的我们深思。我们需要迈出的第一步是向孩子证明自己是个成年人。

让我们还是回到女孩子这个话题。在如今这个性意识蒙昧的时代，我们该如何向步入青春期的女孩子谈起性话题呢?

以下是梅琳达（以及她的教育工作者同行）与女孩子们交谈后概括的女孩子对性的认知：

1. 女孩子正在越来越多地持续地被男孩子强迫进行一些违背她们意愿的性行为。这种压力已经成为她们与男孩子相处时的主要问题。她们本以为这些男孩子喜欢她们、愿意与她们相处。

2. 一旦少男少女的两性关系发展到可以进行数小时的亲吻或可以谈心、嬉笑、爱抚、形影不离的阶段，这种压力就会消失，但是为时已晚。

3. 性，实际上不再令女孩子向往。没有感官上的美好、身体上的愉悦、情感上的柔情，这让她们觉得自己只是一具供人享用的躯体。对于女孩子来说，性是一种糟糕的人生体验。

4. 等女孩子十六七岁的时候，她们不再对性抱有任何幻想。曾经交往过的男孩子的笨手笨脚、对性的无知、与她们缺乏默契令她们很沮丧，使她们对性望而却步。如果她们想有一个异性相伴左右，就要忍受性变成例行公事。性对她们来说就像家庭杂务一般令她们生厌，她们对此只想一拖再拖。

5. 十四五岁开始的性关系往往持续不了几个星期或更短的时间。这种性关系降低了性的标准，性变成了无奈的顺从，渐渐偏离正轨，演变成一种毫无意义的关系。

这不仅仅会影响到处于性欲活跃期的女孩子，对整个社会都会产生不良影响。在女孩所处的这个世界，无论在中学、大学的校园，还是在街上，她们都常常成为男子发泄性欲的目标，这令她们感到很不安。一个女孩子可能发现社会媒体正在依据性的标准评判她，将她与其他女孩做比较，把她划入某一等级。有时，有些人甚至当着她的面这样做。一些男孩子觉得，身为男人就该在女孩子身上摸来摸去，对她们进行性骚扰或做其他更为不堪的动作。一些成年男子会肆无忌惮地盯着女孩子看，对女孩子没有一丝的尊重和爱护。

女孩子对性失去了参与意识，忘记了自己也有性需求，自己的性需求也很重要。梅琳达在听女孩子诉说性体验时听到，她们只担心自己的性行为是否会取悦男孩子。“他似乎喜欢这么做”“我希望自己看上去还行”……她们完全无视自己也应该从中获得快乐这件事。

在高中十一年级的男孩中，索要女孩子的私人裸照很流行。即使与女孩子只是普通朋友的关系，男孩子也会索要对方的裸照。女孩子对此会说：“我怎么能够拒绝他呢？这会令他伤心的。”但是，她没想到那个男孩会用自己的裸照与其他男孩做交易，没想到他会用裸照反过来报复她，敲诈她，胁迫她和他发生性关系，之后，她的照片还会在其他男孩子间传来传去。在很多国家都发生过少女因此自杀的事件。自杀的女孩子为此感到屈辱，感觉自己被出卖了，感觉丧失了自尊。

另外一个可悲的负面影响就是男女之间纯粹的友情（这种友情曾经占据年轻人生活的很大一部分，是他们获取更多自信的基石）现在几乎不复存在。因为很多人都认为，男女之间没有纯粹的友情。

性教育：从避孕到关注情感

针对这种雪崩般的色情信息的危害，教育工作者和教育活动家为女孩子提供了多重应对方案，其中的核心策略就是梅琳达在宣讲中提到的，女孩子要强化自我意识，捍卫自己的个人感受。女孩子需要认识到，你不是一定要按男孩子的要求做，你有权利维护个人的性喜好、性快乐、性价值观和性选择权，你来到这个世界不是为了取悦男孩子的。

需要说明的是，这不是在宣扬禁欲或让女孩子成为保守思想的卫道士，那样的话，我们的性教育就彻底失败了。我们倡导性是美好的，每个人都是自己性行为的掌控者，包括掌控性行为的时间、地点与对象。

令人诧异的是，女孩子居然还需要被告知这些。

美国教育家佩吉·奥伦斯坦从事有关女性生活的写作已经将近20年了。她的新书《性与女孩子》（*Girls & Sex*）于2016年出版后，受到了社会各界的高度赞誉，她实用的观点赢得了社会各方的支持。

佩吉发现，针对女孩子的性教育严重不足（特别是在美国）。问题不在于教错了，而是把教育的重心放错了。学校的性教育都是关于如何预防和应对性危害的，比如，如何避免怀孕，如何避免染上性传染病，等等。那些奇形怪状的卵巢和输卵管的图解，看上去像母牛的犄角，如何使用避孕套的教学也令孩子们咯咯傻笑。这里有什么问题吗？难道没有吗？

这里缺少的是对女孩子情感的关注，最为重要的是，忽略了向孩子们描绘性的美好。近百年来，我们的性教育工作者一直只讲与性有关的事实，对性这一过程中的情感避而不谈，而性教育需要的恰恰是关于情感的教育。有确凿的证据表明，从妈妈、阿姨、老师或其他榜样那里学到“性是浪漫的、融化内心的、强烈的、重要的、美好的人生体验”的女孩子会拥有更美好的性生活。

妈妈、阿姨、老师或其他被孩子视为榜样的成年女性应向女孩子强调以下三点：

1. 不要过早与他人发生性行为。

2. 严格筛选交往对象，即使你不打算与他发生实质上的性关系。

3. 在条件和环境允许的情况下与对方发生性关系，绝不是在酒后或在自己还迟疑不定的情况下。

简而言之，一旦女孩子掌握对自己身体的控制权，情况自然就会变好。这不正是你希望发生在自己女儿身上的事吗？

在前面，我们已经进行了大量讨论，信息强度很大。还是让我们做些自我测试吧，我知道你们一直盼着呢！

在你的青春期，你的父母在多大程度上帮助你了解了性？4 代表的程度最大。

0　1　2　3　4

关于性，你从父母那里接收到的信息主要是什么？

____

____

你在学校接受的性教育（如果学校有安排性教育的话）在多大程度上对你是有帮助的？

0　1　2　3　4

你在学校学到了哪些性知识？

____

____

你的早期性体验是快乐的吗？

0　1　2　3　4

现在的你是否能够感受性的美好？

0　1　2　3　4

是什么因素（如果有的话）阻止了你在回答前一个问题的时候给出

4 的评分?

____

____

你会坦然地让自己的女儿了解性的美好吗?

____

____

如果你在回答这些问题时感到纠结，请再次接受我的热情拥抱。很多父母都曾经在个人性生活方面经历过很多痛苦和伤害，这些痛苦甚至延续到现在。当然，如果我们自己的性生活不快乐，我们就很难向自己的女儿讲述性的美好，但向她们说明性的美好很重要。

我们理应让她们了解性的美好，她们也有权利了解这一点。即使我们只能坦诚地说："我还没有感受到性的美好。"对于 14 岁以上的女孩子来说，父母的这种坦诚很宝贵，特别是妈妈的——母女之间的坦诚可以很大程度上加深彼此的感情。将自己性生活的全部都讲给孩子听也许不合适，但是，如果你只讲大概，千万不要讲得含糊不清、自相矛盾。作为家人，我们通常都会了解彼此的一些事情，但并不确定对方是否允许我们知道这些事。如果你能把事情对女儿讲清楚，就能在很大程度上减轻双方的心理负担。

伊丽莎白·克拉克

伊丽莎白（专业咨询执照持有者）专门为由法院和福利机构移交过来的，在心理咨询方面有深度需求的青少年提供咨询辅导。她出版的著作有《父母如何教育新一代青少年：在这个网络色情流行的世界为他们导航》（*Parenting Plugged-In Teens*：*Becoming Their GPS in a Cyber-Sexual World*）、《莫莉·托普有关爱、性和无悔人生的指南》（*Molly Top's Teen Guide to Love, Sex and No Regrets*）。伊丽莎白围绕与年轻人和互联网有关的论题在美国各地演讲。她认为，只要我们能正确引导青少年走向真正的幸福与智慧，这一代青少年就将深深受益于互联网的资源。

拥抱“性”福，你准备好了吗?

在我看来，这位来自科罗拉多州的山间小镇大章克申的咨询师是一位世界顶级教育学家，她的书《莫莉·托普有关爱、性和无悔人生的指南》不仅有趣、充满智慧，而且言辞巧妙、表述清晰。她希望孩子们在一种亲切的氛围里，最大限度地了解书中的内容，而不是蜻蜓点水地翻看。

伊丽莎白尤其关注父母在孩子处于性萌芽时期的表现。她把这一时期的性比喻成跑道上的发动机轰轰作响的保时捷赛车，蓄势待发。

伊丽莎白指出，即使在50年前，也只有5%左右的伴侣在婚后才有性行为。自20世纪60年代起，大部分人的结婚年龄从18岁逐渐推迟到了28岁，这简直是在开玩笑。年轻人会在婚前就有性行为的。有些人在25岁开始性生活，有些人在18岁，还有些人很不幸，在12岁就有了性经历。所以，作为父母的我们必须了解这些事实，并且帮助孩子处理他们在这期间可能遇到的问题。

关于具体如何帮助孩子，伊丽莎白在书中给出了明确答案，我将在此尽量概括她的主要观点（但是，你一定要读她的书，她的书中的内容要详尽得多）。在下面的段落中，伊丽莎白讲解了女孩子的世界与我们的世界有什么不同。

> 在20世纪中期之前，情况并没有太多改变。据我了解，这一切的变化发生在互联网成为青少年学习和模仿性行为的主要渠道的时候，发生在青少年转变对性的看法的时候。对于性，他们变得越来越困惑，有了越来越多的糟糕的经历。女孩子遭遇了更多的身体与情感伤害，男孩子比从前感到了更大的压力和内疚。男孩子的性行为由笨手笨脚变为近乎虐待女性的程度。

伊丽莎白认为，在其他很多方面，青少年正在变得更加优秀。他们变得更加自信，更加善于交流，更加关注彼此。此外，他们一向思维敏捷。互联网给他们带来了很多好处，也给了他们巨大的负面影响。

那么，由谁来改变这一现状呢？在伊丽莎白看来，家长义不容辞。“家长们很少与孩子开诚布公地直接谈论性。然而，我们所处的时代要求我们不能再这样下去。”

如何与孩子谈性

伊丽莎白认为，一切要犹如和风细雨，家长应娓娓道来。在孩子的各个成长阶段，家长以孩子那个年龄能接受的方式，不时向孩子讲解性、繁衍、爱、情感等问题，自然就会对孩子有帮助。最不可取的是那种令我们的父辈和我们这一代人都望而却步的所谓“长谈”。性是人生的一部分。当孩子在操场上看到小动物交配、小动物生小宝宝时，当不良少年给我们的孩子看手机或者笔记本电脑上的不雅图片时，我们总是用各种莫名其妙的话语搪塞孩子。是时候与孩子讨论这个话题了，用一种自然的、绵绵细雨般的方式与孩子交流，而不是暴风骤雨似的狂轰滥炸。

实际上，孩子也想要我们的指导，伊丽莎白在书中写道：

> 针对青少年的问卷调查表明，他们希望父母为他们讲解更多性知识。事实上，孩子有各种途径接触性知识，为什么他们还在乎父母说什么呢？因为电影、电视和色情产品所传播的性观念，大多数是被当作事实向孩子兜售的性幻想，无关性的真相。因此，如果在现实生活中照此模仿，孩子会感到失望和受到伤害。大多数的孩子对此难以启齿，他们有的认为性也不过如此，好不到哪儿去，有的在私下里认为自己出了问题，因为他们或是被这样的性吓到了，或是根本没有从中得到快乐。很多我认识的刚刚18岁的少女会漠然地说，她们对性已经没什么兴趣了。

孩子想与我们交谈，但又觉得这对他们来说很难，我们必须帮助他们。伊丽莎白建议，与孩子交谈时，不要操之过急，要慢慢来，先要有个预热的过程。例如，父母要尽可能显得漫不经心地问：“你最近的个人感情生活怎么样啊？”这里，“感情生活”这样的表述比“性生活”更委婉。感情生活可以涵盖远距离的相互倾慕、偶尔的亲吻和实际的性行为，而这一切都与性有关。

孩子也许一言不发，或者只是回以微笑，或者看上去很恼火。这都没关系。

随后，你可以问他：“你会在网上与某人聊天吗？”此时，什么都可能发生——他可能会提到一个名字，也可能会因为感到惊讶而倒吸一口气，或者变得更为恼火。这都没关系，重要的是，他知道你知道了什么，而他的这些事在你看来都没关系。

在孩子拒绝交流前，你要抓住机会说："听着，我知道网上的信息有好有坏。我也知道，如果我和你一样大，也会对那些内容很好奇，也会想看看的。但是，网上的确有一些很糟糕的东西。"

在他走进自己的房间并关上门之前，你还有三秒钟。"我想找时间和你聊聊。"然后，你可以就此结束你们的谈话。

他知道你知道了什么，他知道你很在意，他知道你在关注这件事。你确实要关注这件事，但是，你要一点一点地慢慢询问，而不要一次讲太多。你们可以一边看电影或电视，一边讨论其中与性有关的内容，作为讨论对象的内容可以是正面的，也可以是负面的。你们还可以在去某处的车上交谈。当他讲述朋友在生活中的各种遭遇时，你要认真地倾听并询问。你们还可以讨论媒体上的色情图片。你可以问问孩子，当看到广告上那么性感热辣的女郎时，他感觉如何。你也可以推荐他读一些不错的书，或与他一起浏览网页，还可以随时随地将你的个人看法和你读到的一些相关信息用电子邮件发给他。

重要的是，通过这些交流，性成了你和孩子思考与讨论的话题。你让他明白，谈到性，他可以有自己的选择和独立的思考，而不是你在单方面立规矩。你在向他说明："性是一个敏感、重要的话题，而且它很复杂，但这对谁来说都一样。你可以把握自己，掌控一切，你可以选择自己认为合适的一切行为。"

有关色情的 6 条错误信息

你还可以与孩子讨论色情问题。在这方面，伊丽莎白的见解很深刻，可以帮我们很大的忙。把下列错误观点拿给孩子看，问孩子，这些是否与他在网络上见到的相符。之后，十分明确地向孩子说明：网络上的这一切都是虚构的，真实幸福的性，并非如此。

1. 性无关乎你是谁，是否相互吸引对性不重要。如果对方对你没有动真情，对你没感觉，对你不走心，不考虑成家，不考虑未来，或者在性行为上没有底线，这样最好。

2. 性可以在瞬间搞定，不需要亲吻与爱抚，不需要前戏和调情，不需要等待身体进入兴奋状态。

3. 性不需要双方情感相通，不需要四目对望，不需要身体相互适应，更不需要彼此在一起时的微笑或美好瞬间。

4. 女人喜欢被作践。女人喜欢被拳打脚踢、抽耳光、掐脖子，她们就该供男人玩弄与遗弃。女人天性愚蠢，一钱不值。

（更为危险的是色情产品向孩子们传递如下信息：这一切对女性的凌辱无可厚非，因为她们生来喜欢被如此作践和虐待；这样做会激发她们的性欲，令她们兴奋起来；这都是为了彼此寻开心。被伤害和被侮辱的总是女人，几乎从来没有男人被如此对待，这是为什么？）

5. 女性的身体随时都准备好了性交。性感女郎随时随地都可以性交，无论是何时何地，无论是与何人，还是以何种方式。她们总是喜欢性。她们的身体不需要时间兴奋起来，不需要被爱抚，她们不需要恋人关系。

6. 色情影片中的性犹如一阵狂飙。狂飙过后，双方都很享受，都很开心，都得到了满足。

女孩子的确也会观看色情影片，尽管没有像男孩子那样看得那么多（当然，据一些研究和记载，也有些女孩子因过早接触色情染上了性瘾）。在大多数情况下，女孩子能够认识到扮演者仅仅是在演戏，特别是女性扮演者假装这一切都很美好的时候。但是，男孩子做不到。他们认为性就是如影片所描绘的，用伊丽莎白的话说就是“性就是征服她”。

伊丽莎白指出，色情产品的宣传使女孩子对性望而生畏，有研究结果证明了这一点。在这种“性快餐”的青少年文化里，仅有不到1/5的女孩子有过性高潮。这种性太过草率，女孩子从中感受不到一丝的惬意，反而感到屈辱，甚至有些男孩子也有同样的感受。每年有不止一个性伴侣的高中女生（她们可不缺少性生活）被临床诊断为抑郁症的比率高居不下。色情与性相伴而行，如果我们不能向孩子讲清楚二者的区别，色情就会毁掉孩子的性生活。这对孩子来说是人生的一大损失，因为性包含着炽烈的情感，它赋予我们能量，是我们生活的一部分。

色情短信

我们还需要和女儿谈谈色情短信的问题。会有男孩子通过短信向她索要裸体或半裸体照片，这迟早会给她带来压力。女孩子可能感到这很特别、很刺激，甚至会有小小的虚荣感，也可能心神不定，也可能感觉好坏参半。正如下面伊丽莎白所描述的，男孩会死缠着女孩不放：

> 男孩子会一而再，再而三地向你女儿索要裸照。开始的时候，他们会尽量表现得讨人喜欢，承诺会爱女孩子，并保证绝不将照片给任何人看。如果遭到拒绝，他们就会死缠烂打，或是表现得很心痛，或是变得恶毒，甚至采取威胁恐吓手段。

约有 1/3 的女孩最终会把照片发给男孩。几乎是在发出照片的那一刻，女孩就后悔了。然而，照片已经发出去了。男孩子会拿着她的照片向同伴炫耀，或者用手里的照片向女孩子施压，索要更多。一旦分手，他可能还会用照片敲诈羞辱她，以此解恨。给男孩子发照片着实冒险。色情短信虽然已成为现代社会男女表达爱意的方式之一，但这绝不是个好选择。你一定要把这些讲给你的女儿听，即使她执意要发照片，你也要与她谈谈，也要帮助她。这样，她会找到更好的处理办法。

伊丽莎白在书里讨论了很多话题，其间，她始终在向我们推荐与女儿进行大量轻松愉快的谈话。不要给女儿太大压力，也不要上升到道德层面进行说教，你永远都要想清楚，什么样的沟通方式最适合你和你的女儿。父母与女儿沟通时应该敞开心扉，心平气和，态度友好。女儿害怕父母评判的眼光，也害怕父母夺走她的电子产品。适当限制电子产品的使用是可以的，比如，夜间关掉路由器，或者某个时间段内禁止女儿在卧室使用手机，这样女儿就会暂时丢开一切，安下心来。但父母要通过与女儿沟通找到一种合理的限制她使用电子产品的方式，并且不要因为女儿说了实话而惩罚她。我最喜欢伊丽莎白的这段话：

> 你可以向女儿讲解真正的性是怎样的。告诉她，深入了解对方和延缓性行为可以使性变得更加美好。慢慢来，她们就会更加安全健康，更加幸福快乐。告诉她，从亲吻到最后的身体结合，其间要经历很多美好，那是被色情电影完全忽略的快乐。告诉她，你希望现在的她将恋爱维持在牵手、亲吻和拥抱阶段。这是他们彼此相伴，真正学会爱对方、相信对方的最佳时机。

尊重是一切的关键

我们还要向女儿强调，要想感受性的美好，除了必须在各种细节上下功夫，更重要的是彼此尊重。只有在受到尊重、情绪稳定的前提下，她和恋人才能坦白彼此的想法、倾听彼此的心声。如果你女儿在成长过程中一直受到尊重，一直看着周围的人受到尊重，她也会在交往中尊重他人。

你的家人尊重彼此的程度如何？如果完全同意下面的描述，请选择4。

1. 爸爸尊重妈妈。

0　1　2　3　4

2. 妈妈尊重爸爸。

0　1　2　3　4

3. 家人之间充满了爱意和温情。

0　1　2　3　4

4. 在交谈时，不会贬低彼此。

0　1　2　3　4

5. 没人因肥胖而感到羞耻，也没人会评判其他家庭成员的体形。

0　1　2　3　4

6. 兄弟尊重姐妹。

0　1　2　3　4

7. 姐妹尊重兄弟。

0　1　2　3　4

8. 每个人在外面谈起自己的家人时，都很尊敬他们，不贬低家人，也不贬低自己。

0　1　2　3　4

9. 拒绝观看也不能接受电视节目、网络视频、电脑游戏中对他人实施暴力或有辱人格的行为。

0　1　2　3　4

10. 在家中，大家可以开诚布公地谈话，所有问题都能得到讨论，大家不必担心自己说的话会令其他家庭成员感到不安和尴尬。

0　1　2　3　4

累加所有的分值，得出你的家庭尊重指数。

30～40 分：你们做得很棒！

20～30 分：你们表现得还不错，请将注意力放在分值低于 2 分的选项上。你可以从头再看一遍，将这些选项圈出来。

10～20 分：你们正处于一个危险阶段，不过分值处于这个区间的家庭并不少见。请务必做出改变。出现这种状况可能是因为你们承受了太大的压力，你们要弄清压力大的原因。一家人就是一个团队，不要互相伤害。

0～10 分：身处这样的家庭环境是很难感到舒服的。虽然你们已经习惯了这种状态，但过多的否定或批评对孩子的成长不利。寻求专业人士的支持、报名参加一些子女教育课程、向亲属求助，都是不错的选择。如果你们家存在家暴的现象，你就更有必要向他人寻求帮助。你们值得也需要拥有一个更好的家庭环境。

尊重彼此的想法和看法，尊重彼此的身材长相，尊重彼此作为人的天生的价值（尽管谁都会有不足），这一切的尊重是共同生活的基本原则。尊重他人（尽管他们并非总是值得被尊重），尊重自己，这样幸福旅程就有了保证。

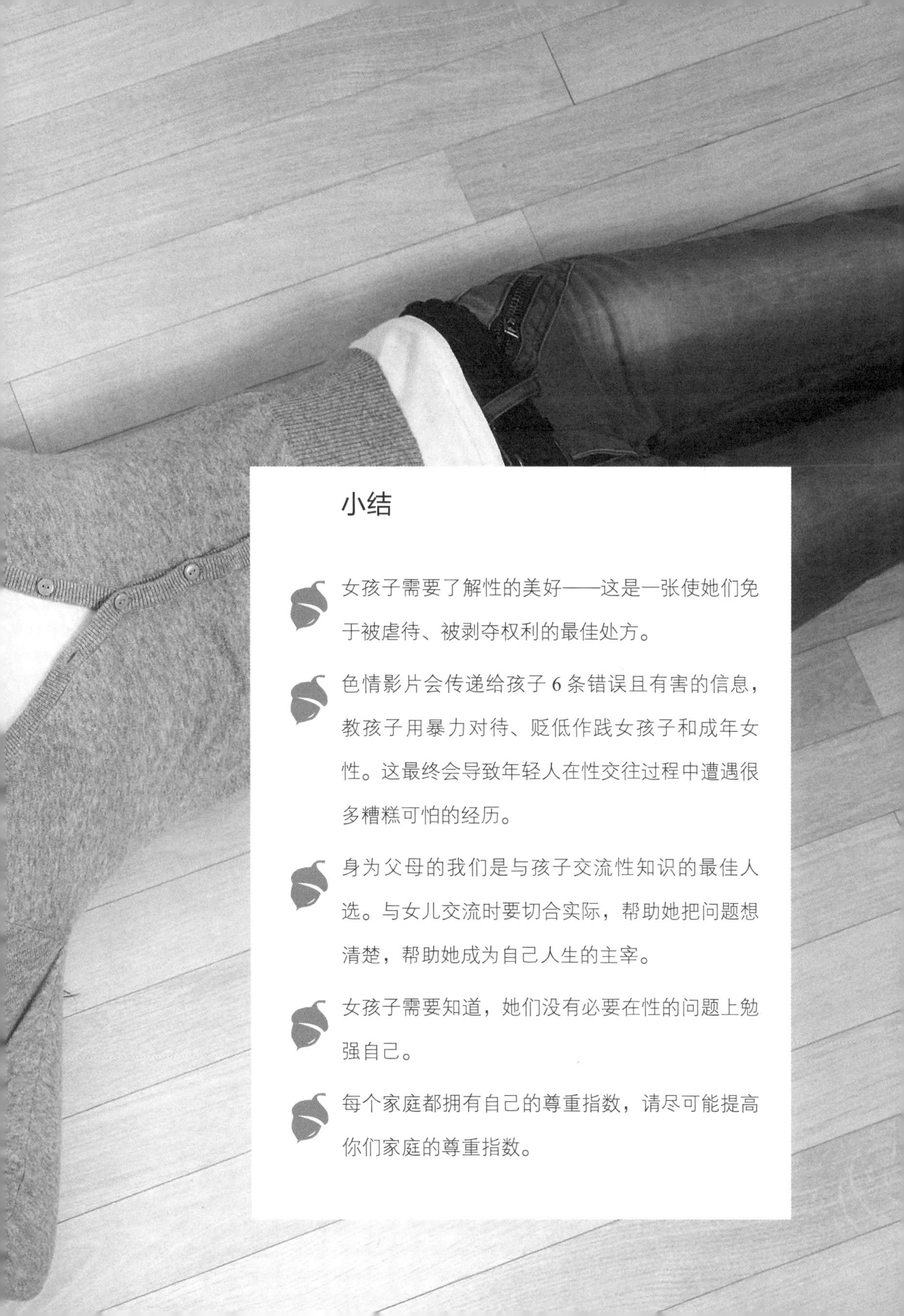

小结

- 女孩子需要了解性的美好——这是一张使她们免于被虐待、被剥夺权利的最佳处方。
- 色情影片会传递给孩子 6 条错误且有害的信息，教孩子用暴力对待、贬低作践女孩子和成年女性。这最终会导致年轻人在性交往过程中遭遇很多糟糕可怕的经历。
- 身为父母的我们是与孩子交流性知识的最佳人选。与女儿交流时要切合实际，帮助她把问题想清楚，帮助她成为自己人生的主宰。
- 女孩子需要知道，她们没有必要在性的问题上勉强自己。
- 每个家庭都拥有自己的尊重指数，请尽可能提高你们家庭的尊重指数。

Backbone

第八章

内心强大

“毋庸置疑的是，生活在当今这个社会，女孩子必须坚强。作为父母，我们要如何培养孩子坚强的品质？怎样才能让孩子拥有强大的内心？”

世上我最喜欢的两个人是一对夫妻，他们生活在澳大利亚的乡下。他们与我年龄相仿，和我一样养育了两个孩子。妻子谢丽尔 32 岁那年染上了多发性硬化症，在孩子步入青春期的时候，她已经坐在了轮椅上。一家人的生活因此改变：只有丈夫一个人可以开车，周末的外出活动只能减半；尽管有大笔额外的支出，他们还是得靠丈夫一个人的工资过活；两个十几岁的孩子每周分别为全家做一顿饭，13 岁的丽莎每周都为大家准备不同的菜肴，15 岁的亚伦却总是做意式番茄牛肉面。

在学生时代，两个孩子都要乘坐漫长的通勤车往返于家和学校之间，还要兼职打工挣钱补贴家用。现在，丽莎已经成为一名律师，在海地工作，她知道如何维护自己的权益。亚伦则是一名空军工程师。谢丽尔的病情又恶化了：她已经四肢瘫痪，对她来说每一天都很艰难。但在丈夫和其他家庭成员的照料下，她过得无忧无虑。儿子、女儿，以及他们各自的孩子每隔两三天就通过聊天软件从世界各地向谢丽尔发起语音聊天。生活于她，依旧美好。

人的品格可以归结为两点——内心强大和为人友善，这两种品格成就了优秀的人。优秀的人是善良而富有爱心的，他们可靠，有毅力，信守诺言。内心强大和为人友善，二者缺一不可。内心强大却没有爱心，只能导致蛮干；有爱心却做不到内心强大，在危机时刻也是没用的，我们每个人都认识一些空谈关心他人，实际上却不可靠的人。

生活要求我们要足够坚强和勇敢，但坚强和勇敢绝不是大部分人理解的那样。真正的坚强来自我们的内心。当我们累得瘫软如泥、一动也不想动的时候，当我们想放弃的时候，内心强大可以使我们不轻言放弃。即使众人都在指责批评我们，内心强大也能令我们坚持真理，明辨是非。内心强大可以让一个弱小的小女孩在面对比自己高大很多的欺凌者时，也敢于义正词严地喝令他们放开自己的朋友。

内心的坚定与强大正是你想要在自己的朋友、伴侣或父母身上看到的特质——“你可以把事情托付给玛吉，如果她应允，她就一定会做好”“没有谁可以摆布安琪，她也许很弱小，但是她敢于直言不讳”“德洛丽丝很温柔，但是她非常的坚定，如果意识到这么做不对，她绝不会做”……

在这一章，你将学习如何让自己的女儿变得内心强大，成为一个能够令自己感到骄傲的女性。

现在，还是让我们简单地自我评估一下。

你认为自己的内心强大吗？

☐一点也不

☐有点

☐相当强大

☐我的内心如钢铁般坚强

在生活中，你的内心是否变得越来越强大了？

☐完全没有

☐有点

☐确实是这样

请写出你认为内心非常强大的朋友或家人的名字：

____

他们有爱心吗？（这个不必写出来！）

保护孩子天生的内在力量

实际上，大多数女孩子都具有自己的内在力量。在她们小的时候，我们尊重她们的渴望与需求，她们渴望探索，渴望得到大人的关注，渴望玩耍与做事情。这是她们身上与生俱来的一种力量在起作用，这种力量在说："别阻碍我，让我自己学着做！"她们是会主动学习的迷你机器人，她们可以为自己提供一切学习的动力。

当然，当她们把玩具放进马桶里或者玩剪刀的时候，我们不得不去阻止。让孩子拥有探索的勇气，并不是放任刚刚学步的孩子做自己想做的任何事情，也不是孩子一发脾气，我们就让步。如果一个小女孩觉得自己可以有需求，可以追求并且得到自己想要的东西，那么她的这种天生的内在力量就没有受到脾气暴躁的父母的打击。有些时候，即使受到了打击，女孩子依旧可以重建自己的内心，而不是被彻底击垮。

很久以前，我在学校工作，那是我做心理医生的第一年。一个小男孩有学习障碍，因为他的妈妈拒绝来学校沟通，校方要求我去做家访。这位妈妈很警觉地把我请进屋里喝茶。当时，一个 1 岁多的小姑娘正坐在厨房的地板上，她的周围没有玩具，甚至可以说，根本就没有什么可以让她玩的东西。每过一会儿，孩子就会试着爬进放有炖锅的厨柜里。每当这时，妈妈就会走过去，责备数落孩子，把孩子拉开，并狠狠地关上柜门，她同时还在与我说话。请不要对我们的小姑娘这样大喊大叫，也不要对孩子的好奇心做出这种不应有的反应。即使我们要转移孩子的注意力，也要友好温柔地去做。我们要努力不去打击孩子的积极性，不让孩子泄气（"泄气"这个词是不是很耐人寻味？——泄掉勇气）。

如果不得不打消孩子的念头，那么，解释可以派得上用场，但不要解释得太过详细，也不要期待你的解释立竿见影。当一个不到 6 岁的孩子向你要什么时，他就是单纯地想要，我们至少要尊重孩子。有时，孩子想要不该要的东西，并不是因为他不是个好孩子。

不被坏情绪打败

内心强大在很大程度上意味着控制自己的情感，而这就包括意识到自己的情感是什么。一个内心强大的女孩也会感受到各种情感，她可能感受到愤怒、痛苦或恐惧，一旦这些情感阻碍到她，她就能够意识到。她倾听自己内心的声音，感受自己的情绪，却不会深陷其中。所以，在感到愤怒、恐惧、悲痛、疲惫或百无聊赖的时候，她并不否认这些情感的存在。同时，她还可以超越它们，摆脱它们的束缚，做自己该做的事。

当女儿大一些的时候，我们可以告诉她我们自己是如何处理疑难问题的。我们需要对女儿特别强调：坏情绪于事无补。对孩子讲话时，要态度温和，不要对女儿说："真倒霉，孩子，这个世界就是这么糟糕，你要习惯。"因为这种话只会令她崩溃，或者激发她的叛逆情绪（尽管叛逆也自有其力度，但它最终只会令人对着路标放声咒骂）。如果一个人停止抱怨和发牢骚，就能提高办事效率，甚至脑子也会转得更快。

其实，在处境极度艰难的时候，比如当我们遭受重创或悲剧降临时，我们会展现一种人类独有的延迟情感的能力。这种能力实际上与我们体内的肾上腺素有关。在发生交通事故时，在抱着孩子冲向医院时，在与人发生冲突时，我们都可以从容应对。可事后，我们浑身颤抖、放声大哭，以此来发泄我们的情感，这样我们的心理才得以恢复健康。

所以，你要这样向女儿解释："我也不喜欢派对后的清理工作！我们有这么多的烂摊子要收拾！可是，这个派对办得还是不错的呀。我们没理由抱怨，还是卷起袖子干活吧！”

这样，你就教会了她什么叫态度。态度就是一种自我对话，一种你选择的行动和情感的立场。坚强与坚持也是一种态度，你的女儿需要学习、了解、实践的就是这种态度。

有趣的是，在描述不同性别的“有力”（strength）时，我们会使用不同的说法，这一点很有趣。我最偏爱的一个词是“据理力争”（feisty），它常常被用来形容成年女性和女孩子的坚强。当我们说一个人有“叛逆精神和勇气”（sparky defiant attitude and grit）时，如果描述对象是女性，我们就会换一个说法。①

我曾经与一个护士姐姐共同照看一个农场。一次，一只小山羊被困在茂密的黑莓灌木丛里。我们循着它那凄厉绝望的叫声找去，周围漆黑一片，狂风怒号，空中还飘着雨夹雪。我手持火把为朋友照亮，我们不得不用刀劈砍出一条路，在茂密的黑莓灌木丛中艰难穿行。她小心翼翼地剪断不停挣扎的山羊身上与灌木的枝叶缠绕在一起的乱糟糟的毛。从头到尾，她没有说过一句脏话，也没有冲着山羊或者黑莓灌木丛发火，因为这样做于事无补。

《连续概念》（*The Continuum Concept*）的作者琼·莱德萝芙也在书中描写过一种“力量和态度”（strength and attitude），这是生存在亚马孙热带雨林的人所具有的。经过数小时的磕磕绊绊，眼看着几个人把沉重湿滑的独木舟连拖带拽地弄到激流的顶部，可是，其中一个人跌倒了，独木舟重重地撞到了另外两个人，随后又翻滚到了几百米外的激流的底部。事情发生的时候，这几个人不但都没有抱怨，反而觉得这件事很有趣。他们坐在那里，一边吃着东西，一边调侃那个跌倒的和另外两个把大腿和小腿都擦破皮的同伴。说笑过后，他们又回到激流的底部，重新开始干活。

---

① 这里列举的描述不同性别的“有力”的用词，针对的是英语中的习惯。——编者注

榜样的力量

如果你的女儿目睹过你和周围其他女性（或男性）的敢作敢为，那么，没有谁可以打倒她。我们从神经科学得知，人的大脑通过“镜像神经元”接受他人的行为方式，一切大脑不会有意识地去注意的信息都可以被这种“镜像神经元”捕获，比如他人如何抬起下巴，如何摆放双腿，如何提高嗓门，如何在商店里或者拥挤的火车上因为受到不公的待遇而睁大双眼，恰如其分地表达愤怒。

一旦女孩看到大人们的行为，她就很容易会照着做，实际上，大人的行为方式也几乎成了她自己的习性。等到她大一些的时候，你就可以与她谈论家里或朋友圈里某个坚强务实的人，以便她在需要时投入更多的精力与情感去关注这个人。

这么做的目的，就是把孩子培养成一个能够理智沟通、有人格魅力、用脑办事的人，而不是一个待人傲慢、刻薄、易怒而无法和他人相处的人。

释放情绪也是一种获得力量的途径

力量对女孩来说有着不一般的意义。发火是最能够帮助我们自卫的一种情感，或者说我们就该适度地发火，能够意识到这一点难能可贵。在过去，女孩子所接受的教育往往是要求女孩子“忍气吞声”，而不是让她们承认并接受这种情感。生气发火的只能是男人，女人只能低声抱怨，而左右一家人的往往是男人的火气（当然，也不是所有的家庭都这样，有时候，情况恰恰相反）。

重要的是，我们需要了解，人不可能永远待人友善，永远忍让，或者说，很难做到这一点。有关犯罪与侵犯的研究表明，罪犯与侵犯者倾向于攻击那些看上去默不作声的人。而且，当我们与一个粗鲁、冒犯自己的人打交道的时候，甚至是处理一些家中的棘手问题的时候，适当发火也是很重要的。所以，需要发火的时候，尽管发火吧。

如果你的女儿不擅长发火，那就与她一同练习发火。你与她相对几米远地站着，深吸一口气，朝着对方的头部上方，轻声说话。之后，说话的声音要一次比一次大。让她说一些可以使她喊出来的话语，“不，我不要”这句话就不错，之后，你还可以对着她大声喊“是的，你需要”，这样可以让练习更起劲儿。放松你的喉咙，深呼吸，用全力。先是酝酿所有的力量大声喊出来，之后再放轻声音说话。这样做的时候，尽量相互说一些内容相反的话语。

可能在你所长大的家庭里，发火是很危险的。所以，刚开始大声喊出来的时候，你可能会吓到自己。如果这样，那你就大声笑出来，控制一下自己的情绪，放松一下肌肉，拥抱一下你的女儿。然后，接着练习。

父母的坚决果断将对孩子大有裨益

为了让女儿强大起来，你要做的事情之一是向她展示你自己的气场。

你要为女儿规定行为的边界，如果你的规定足够明确合理，就可以让孩子知道，如何适时叫停自己或他人的行为。将这种观念灌输给她，对她的生活会有很大的帮助。

千万小心不要触碰到她反叛的神经。一旦你指责她，对她发火，或对她说出“因为我这样说过”这类的话，你女儿反叛的神经就可能被触动，她会在心里暗念（甚至说出）“去你的吧”。在为女儿的行为设定边界时，在家庭生活和人生目标方面帮助女儿时，尽量让自己表现得温和友好，必要时，要给予女儿解释，就如同自己在和一个理智的成年人对话。但同时，你也一定要让孩子意识到你的坚定和不可动摇。

在你的女儿（或儿子）进入青春期以后，对其进行监管是绝对没有什么问题的，事实上，这么做至关重要。要牢记一点，孩子的大脑在十六七岁的时候还没有完全成熟，没有你在女儿身边加强她的安全意识与责任意识，没有你限制她晚上外出，她会做出错误的抉择。有些错误，她可以从中吃一堑长一智，但是，也有些错误可能毁了她的一生。

那么，如何监管孩子呢？

刚刚度过少年时代的我曾帮助管理过我们当地社区服务中心的一家青少年俱乐部，这家俱乐部的成员主要是 15～17 岁的青少年。夜幕降临的时候，有些孩子会自己飞奔回家，有些孩子会被家长接走，而有些孩子却在外面闲逛，没有人关心他们会在外面逗留多久。我问一个正坐在台阶上抽烟，看上去不太好说话，大概 14 岁的女孩子：“你在这里不回家，家人不会担心吗？”她的回答是：“他们才不在乎呢。”

监督孩子就是关爱他。《父母如何教育新一代青少年：在这个网络色情流行的世界为他们导航》的作者，伊丽莎白·克拉克在这本书中向我们推荐了四个问题，每当孩子请求外出或做某事的时候，你一定要问她这四个问题。在孩子 8～18 岁期间，你要反复问孩子：“去做什么？什么时间？去哪里？和谁一起去？”让这种提问成为一种惯例，以至于每次请求外出时，孩子都会主动告诉你，什么时间，去哪里，做什么，与谁在一起。

但是，监督不仅仅意味着这些。每个少男少女，在某个阶段都会有办法应付你。他们可能不会去他们告诉你的地方，或者不会和某个他们告诉你的人在一起。你的任务就是拆穿他们。在伊丽莎白看来，一两次严肃拆穿就足以让一个好孩子接受管教，尽管对于有的孩子，你需要多次拆穿他，而有的孩子根本就不需要家长的监督。如果孩子的话自相矛盾，或者你的直觉告诉你有什么不对，那你就要警觉，一个电话就可能泄露他并没有在他承诺的地方做他承诺的事情。一旦发现，你就要把孩子叫回家，让他坐下，而你站着。这样可以让孩子意识到，撒谎很不好，而你绝对不会对他撒谎。要让孩子明白，他应为此感到羞愧，为此，你们需要重建对彼此的信任。

伊丽莎白轻松地看待这一问题。在她看来，虽然听起来有些糟糕，但事实上，发现孩子的错误是件好事，你可以通过这件事提醒他，他还是孩子，你才是大人。如同往常一样，你不要慌张，而要态度明确，让孩子感到惧怕。但你只需要这样做一两天就够了，长期来讲，对待孩子还是要以关爱为主，你要让孩子明白，你很在意他的安全和幸福。实际上，每天都有糟糕的事情在孩子身上发生，其中的大多数虽不至于严重到要上报纸的地步，但还是很可怕，很危险的。所以，你要监管你的孩子。

孩子在家务劳动中成长

我在这里要谈一件小事，虽然小，但很重要。纵观人类历史，几乎所有的孩子都参与劳动。我们当代社会是第一个把孩子当国王和王后伺候、供养的社会，但是，这只会让孩子滋生软弱与依赖心理。无论男孩子还是女孩子，都需要分担家务（男孩子和女孩子做的家务要均等），这一点很重要。一旦他们长到可以安全做家务的年龄，父母就可以让他们参与一些家务劳动，比如打扫房间、做饭、整理物品、买东西等。如果我们一直围着孩子转（特别是在他们的少年时代），只会让孩子永远都长不大。如果这样做的主要是妈妈，那就传递了更为糟糕的信息。让孩子分担家务是培养孩子的坚韧、温和和合作精神的最佳途径。尽管他们需要学习，你仍然有必要让他们帮你做家务。父母请一定和孩子一起做家务，并利用这个机会与孩子交流感情。

打骂会伤到孩子的自信心

在我们的家庭关系中，事实上，在每一种人际关系中，总有一种可怕的情形，这可能导致孩子不开心、与父母之间感情淡漠，也可能导致父母的婚姻破裂和各种家庭矛盾的发生。

人在紧张或焦躁不安，生气或惊慌错愕的时候，往往会训斥他人，把自己的负面情绪转嫁到他人身上。尽管我们已经学会了不再像以往那样从肉体上伤害自己的家人，但是我们还没有做到不用言语伤害他们。我们在小时候，就受到过父母的言语伤害；现在，我们又用言语伤害自己的孩子。对于有些父亲来说，如果他们的父亲曾经受过类似的伤害，就会把这种恶习传给他们，那么，他们就更容易训斥自己的孩子。训斥成了一种家传习惯。

如果你训斥你的女儿，她会觉得自己一无是处，或者变得缺乏自信，或者变得叛逆，做些傻事来报复你。最糟糕的是，她会认为，训斥就是爱，就会找一个会训斥她的男人结婚。

如果你是一位父亲，请停止对女儿的训斥吧。

虽然你可能不信，但是，改变这种情况并不难。让我们先从自我测试开始吧。

在你的孩童时代，你的父母曾用手打过你或用皮带抽打过你吗?

□经常　□有时　□从不

你的父母曾以一种批判或吓唬的口吻大声训斥你吗?

□经常　□有时　□ 从不

你的父母曾一怒之下对你拳脚相加，以至于你总是害怕挨打吗?

□经常　□有时　□从不

你的父母曾训斥、咒骂、嘲讽你，或对你使用“没用”“啥也不是”“废物”等类似的词语吗?

□经常　□有时　□从不

如果你的回答里有“经常”这个选项，并且不止一个，那么你的童年很不幸。你的父母对待你的方式不是很健康，他们给了你很大的压力。你必须要非常非常努力，以保证自己不会像他们对待你那样对待自己的孩子。你能在那么可怕的环境里度过童年，并且没有出什么问题，依然还是一位充满爱心的父亲或母亲，依然希望成为更好的父亲或母亲，依然来读这本书，请接受我的热情拥抱。

下面是一段保证不打骂女儿的话：

我一定不会在肉体上伤害我的小姑娘，永远不会大声吓唬或恐吓她，或者让她觉得我要打她、威胁着要打她。我要尽我所能，不用训斥的方式解决我们之间的矛盾。

认真仔细地想一想，如果你准备好了不再像父辈一样伤害自己的孩子，那么就请在这段话上画个圈，把它牢记在心。

向孩子敞开心扉

人际关系的最大突破源于托马斯·戈登在20世纪60年代发明的一种方法。当然，优秀的人会自觉地做到这一点，托马斯·戈登只是把这种方法整理出来并描述得浅显易懂，他把这种方法称为“我式交流法”。

对孩子发火的时候，父母习惯使用“你”作为一句话的开头。“你怎么这么懒”“你这个傻瓜”“你过来”“你听我说”……

问题是，对孩子这么发火的时候，我们还用手指对着孩子指指点点，这种做法就好像我们彻底站在了孩子的对立面——我们正在攻击他，因为我们正在给他定性。对此，换了谁都不会有好的反应。如果父母这样做，孩子会因为惧怕，在长时间内表现得很乖，但是他也会越来越不喜欢你。常年积累的怨恨总有一天会发泄出来，发泄的方式有以下两种：

1. 跟你对着干。你让他做什么，他偏不做，不让他做什么，他偏做。他这么做就是为了惹怒你。

2. 总有一天，他会直接向你报复（采取这种方式的更多是男孩子）。

我的一个朋友的爸爸总是用皮带抽打她和她的4个姐妹。她们的妈妈管不住这5个姑娘，就把她们交给了她们的爸爸，而他只有一个办法，那就是用皮带抽。在这种家教下，我的那个朋友在5岁的时候就想一死了之。虽然后来她还是决定活下来，但她活下来的目的只有一个，那就是等到她足够强大的时候杀死她的父亲，这种信念支撑着她活了下来。在她十五六岁的时候，她意识到，让自己因此成为一名杀人犯并不是个好主意，只会弄得两败俱伤。所以最终，在她长大后，在她有体力和办法杀死她爸爸的时候，她并没有那么做。

打骂孩子只会让孩子憎恨你，那么，什么是“我式交流法”呢？

请按照下面的句式与孩子交流，对孩子说话时，以“我”而不是以“你”为开头。

我觉得__________当你__________的时候____________________，因为____，所以我希望你能改。

“但是，这么做会让我在孩子面前显得很软弱！”

这不是软弱，而是一种强大。只有内心足够强大，才可以做到对孩子这么坦诚；只有内心足够强大，才不需要用暴力或大声训斥来掌控孩子。暴力和训斥是弱者的武器。这么做，是软弱吗？不，不是软弱，是示弱。

最新发现表明，示弱可以使我们感到特别幸福和自由。如果你敞开心扉，事情往往会向好的方向发展。敞开心扉是一种内心强大的表现。例如：

你如果比说好的时间晚回来一个小时，我就会担心有什么不好的事情发生。我想和你谈谈，谈谈你为什么回来晚了、发生了什么，谈谈你怎样才能做到守约。如果你要我允许你在晚间出去玩，你就要遵守我们之间的约定。

妈妈

你没有做本应做的家务，比如打扫房间，这让我很不开心。因为回到家里，我们还要收拾这堆烂摊子，而我本来期待你已经做好了。这让我们觉得好像你并不在乎我们。

爸爸

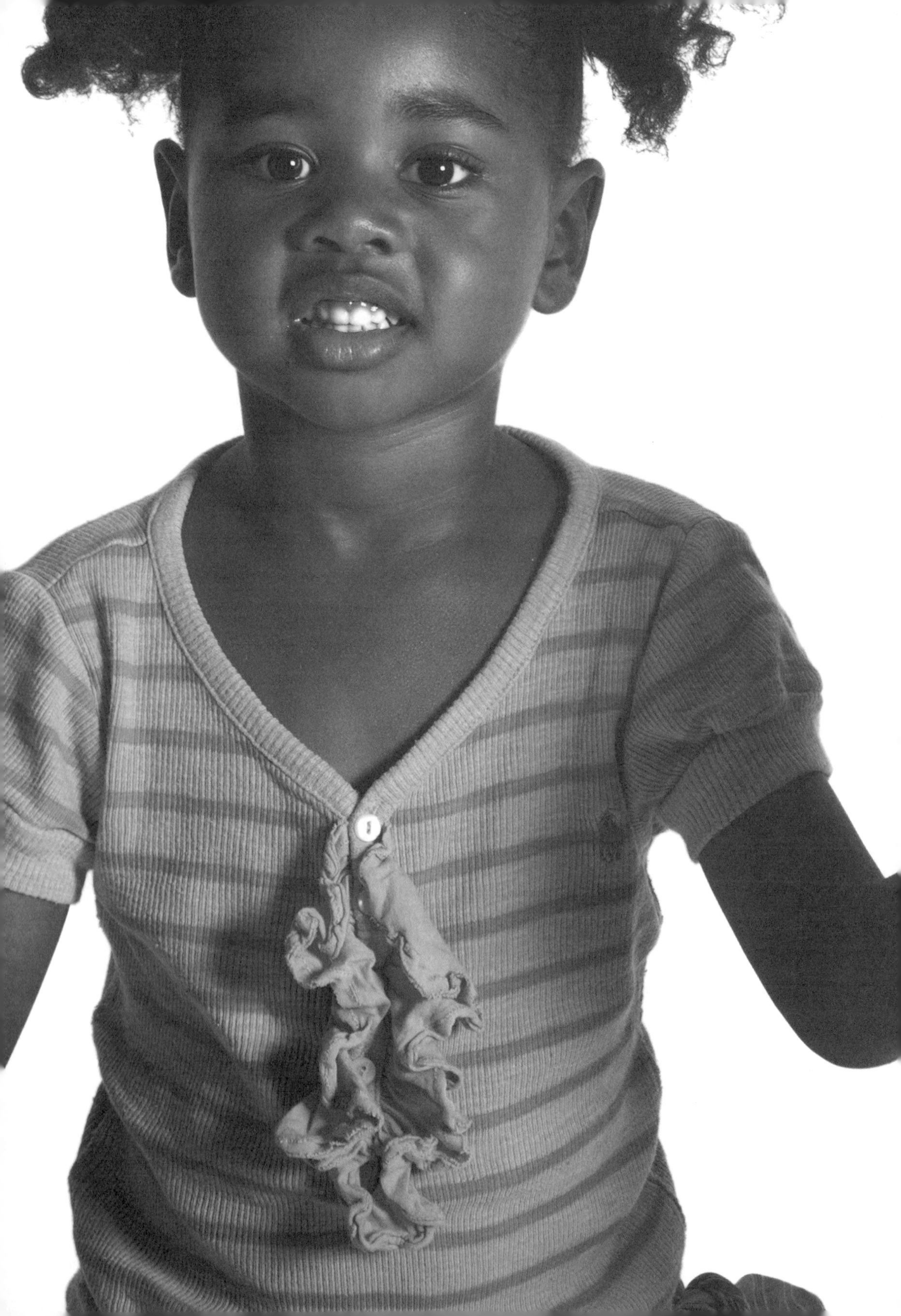

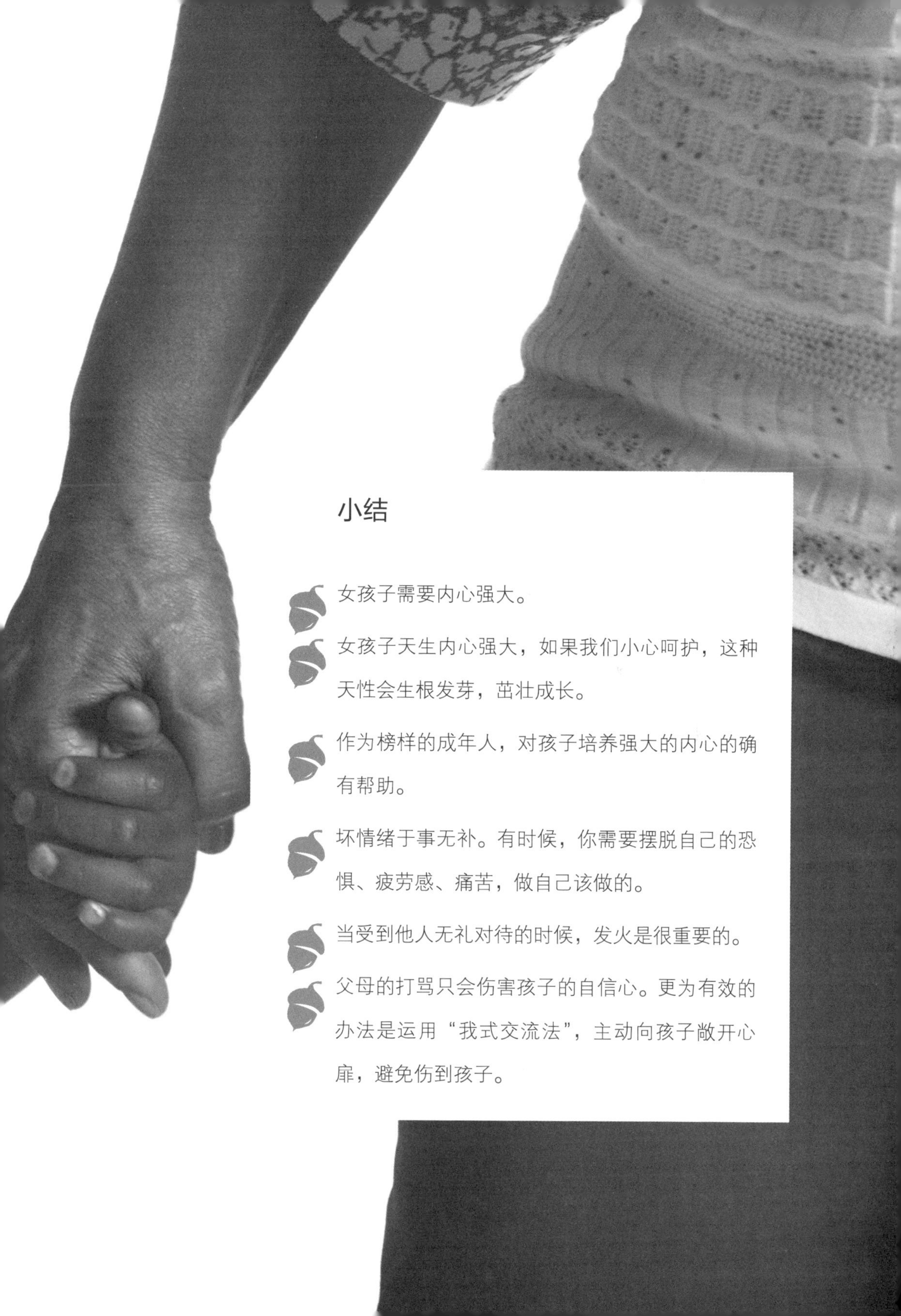

小结

- 女孩子需要内心强大。
- 女孩子天生内心强大，如果我们小心呵护，这种天性会生根发芽，茁壮成长。
- 作为榜样的成年人，对孩子培养强大的内心的确有帮助。
- 坏情绪于事无补。有时候，你需要摆脱自己的恐惧、疲劳感、痛苦，做自己该做的。
- 当受到他人无礼对待的时候，发火是很重要的。
- 父母的打骂只会伤害孩子的自信心。更为有效的办法是运用“我式交流法”，主动向孩子敞开心扉，避免伤到孩子。

Feminism

第九章

维护女性的权利

“我不时徘徊在自怜的情绪里，每当此刻，总会有一阵大风将我吹向广阔的天际。”

此刻，学校的图书馆里空荡荡的——放学了，大多数孩子都已离开。透过图书馆的玻璃窗，唐娜看到一个13岁左右的小姑娘坐在一张桌子后面，在她身后，离她有一定距离的地方，站着两个年纪更大一些的男孩。唐娜认识这个女孩，知道她的一些情况：小姑娘为人羞涩，学习勤奋刻苦，脸上总是带着一丝紧张而友好的微笑。唐娜已经走到图书馆门口，班车还没到，外面太冷了，于是她转身回到图书馆里。

唐娜走过转门，被眼前的情景吓住了。其中一个男孩已经站到了女孩的椅子后面（此刻，唐娜想起来了，女孩叫埃洛伊丝），他伸出双臂从女孩的身后环抱住她，他的双手突然抓住女孩的双乳。女孩惊恐万分，面色苍白，一动也动不了，无法挣脱男孩的控制。男孩斜睨着她说："还没长乳头呢？"他弄皱了女孩的衬衫，移开了胳膊，冲着那个正在狂笑的同伴咧咧嘴。之后，两人与唐娜擦肩而过，走掉了。

唐娜像脚生了根一样站在原地。她认识这两个男孩，她从来就没喜欢过他们。他们是年纪大一些的学长，他们的家族大名鼎鼎，他们两个的姓氏在校史上出现过多次。来自这样家庭的孩子，常常自视甚高，从不检视自己的错误。唐娜弯下身去，温柔地安慰着女孩。之后，唐娜站起身走了出去。这时候，那两个男孩已经走到了学校大门口，等着车来接他们。唐娜强迫自己放慢脚步，慢慢从他们身边走过，就好像往常在那里等车一样。其中大一些的那个男孩转过身，正好与她面对面。他与她几乎一般高，她紧盯着他的双眼，随后，唐娜一拳狠狠地打在他的下腹部，打得他佝偻着身体。当然，这只是她的想象，事实上，她什么也没做，但那确实是个好主意。唐娜盯着他说："你最好告诉你的父母，刚刚你都做了些什么，他们会在今晚接到学校的电话。"说完，唐娜快速转身，跑去寻找她最信赖的一个老师。

女孩和男孩应当拥有同等的权利

本章的篇幅不长，但是要谈论的主题意义重大。这个主题可以给我们的生活带来巨大的转变。我们还是以自我测试来开篇吧。

听到女权这个词，你此刻的感觉如何?

□ 1. 感到激动，对维护女性的权利持积极肯定的态度。

□ 2. 感觉很复杂。

□ 3. 对女权运动持否定的态度。

这一章的目的就是让你和你的女儿支持和肯定维护女性权利的行为，并积极参与进来。维护女性权利、推进男女平等的目的是为所有人创造一个平等的世界。

让我们先看看什么是女权。你可能也读过或听过、思考过关于女权的一些内容，女权其实很简单，它是一场为女孩子和妇女争取与男性同等生存权利的运动。你坚信，你的女儿与你的儿子或别人的儿子在生活中应当拥有同等的权利、得到同样的保障与机会。

如同人类的很多次运动一样，女权运动背负了太多的包袱，被挟持，被掺水，被误传，被滥用，但这些也仅仅只是围绕滚滚的巨变洪流泛起的涟漪而已，女权运动势不可当。

如果一个数学老师告诉一个女孩子，“在这方面，你有特长，你可以成为一名工程师”，这就是一种尊重女性权利的行为。如果一群妇女组建了一家社交媒体，请求让一种诋毁女性的杂志停刊［在去年，已经有人对鲍尔集团（Bauer Group）的《动物园周刊》（*Zoo Weekly*）这样做了］，或者点名批评几乎每周都虐待女性的某位政客或运动员，这也是维护女权的行为。如果你的儿子成为一名护士和你的女儿成为一名医生的机会是均等的，这就是一种男女拥有平等权利的表现。如果你的女儿具有和男性同等的机会成为一名水管工学徒、修理工、园艺师或赛马手，并且不会受到他人的嘲笑和奚落，这也是男女拥有平等权利的表现。如果有一天，在全世界范围内不再有强奸、家暴和性交易，那我们就实现了男女平等。

让孩子为维护女性的权利尽一分力

人们往往习惯了日复一日的生活，而忽略了生活的真正意义，特别是我们的青少年朋友，他们甚至会把长青春痘也当成一件既严重又糟糕的事。我们一定要把目光放长远，抬头仰望苍穹。有一个更为广阔的世界在等着我们，为了那个世界，我们要努力奋斗。对大部分女孩而言，伟大的事业好像是很遥远的事。如果你的女儿出生在一百年前，她的人生在我们看来将是很可怕的。面对人生，她只有两个选择——在富贵人家做仆人，或者把自己嫁出去。这两个选择是她仅有的立足于社会的方法。结婚后，她不会有自己的财产，她必须十分谨慎地选择自己的丈夫，因为在当时，丈夫殴打、强奸、监禁自己的妻子都是合法的，对此，妻子束手无策。如果离开丈夫，她就会无家可归，穷困潦倒，见不到自己的孩子。在那个时代，还没有洗衣机、吸尘器这类节省体力的家电，繁重的家务占去了妇女睁开双眼后的所有时间（她或许拥有一个外科医生或科学家的头脑，但是刷盘子、擦地板才是她的命）。

妇女没有选举权，如果有薪水，她们的薪水也只是男人的一半，无法养活她们自己。除了禁欲，她们没有别的方法来控制生育。生孩子是很危险的经历。未婚女子一旦怀孕，或者找一家危险恐怖的黑诊所去堕胎，或者回到家中，被视为一名堕落的女子，等待孩子的出生，而孩子出生后会被从她身边夺走。从此，她成了有残缺的商品，再也嫁不出去。

那时有的妇女确实也有工作。她们在条件恶劣的工厂里干活，经常被监工奸污。如果她们对此不能保持沉默，就会被监工踢出工厂。

因为上述的种种不公平，女权运动出现了。20 世纪，各种运动（工会运动、民权运动、和平运动、环保运动）风起云涌，所有的这些运动都是建立在一定领域的共识的基础上的，是义愤情绪与求变需要共同作用的结果。现代的通信手段使这些运动的出现成为可能。通过报纸、收音机、电视和互联网，人们相互交流，奋起集会，为变革而斗争。在所有的这些运动中，女权运动的影响力最大。从带给人们生活的重大影响来看，即使与灾难性的战争，甚至与科学进步相比，女权运动也是 20 世纪意义最为深远的运动。当然，进入 21 世纪后，女权运动还在继续。

请大家去观看电影《女权之声》(*Suffragette*)。在我看来，对于不满 14 岁的女孩子来说，这部电影里有太多暴力的和令人惶恐的镜头。然而，电影里的场面确确实实曾经发生在伦敦的街头，就在你可能看到过、走过的地方。当时的当权者推崇男权至上，不愿轻易改变女性的地位和权利。为选举权抗议的妇女被骑警攻击，他们用钢棍将妇女击倒在地。被捕后，妇女们进行了绝食斗争。当权者用橡胶管子强行为她们灌食，整个过程是如此恐怖。医务人员强制灌食的恐怖行为，转变了公众对女权运动的态度，为女权运动带来了最后的胜利。我们还需要让自己的女儿明白，这是一段离我们并不久远的历史。

还有一部以 20 世纪 60 年代为背景的电影《达格南制造》(*Made in Dagenham*)，我也推荐女孩子看一看。这是一部感人至深的电影，近距离再现了英国的工厂女工是如何发起了具有世界影响力的同工同酬运动，你和你的女儿都要感谢她们。（这部电影不适合给 12 岁以下的女孩子观看。）

你的女儿需要了解，她之所以可以找工作、谈恋爱、接受教育、发展自己的事业、在家中的地位有保障、申请贷款、周游世界、选择是否生育、安全地让自己的孩子出生……都要感谢上百万妇女曾为此做过的斗争。

如果让女孩子意识到，在某些事情上，并非她们自身有问题，而是她们所生存的这个世界出了问题，那么，在当今女孩子中普遍存在的心理健康问题会在很大程度上得到解决。这样，她们就不再会那么焦虑、绝望与狂怒。我希望你的女儿明白一件事："你并不是唯一深受其苦的女性，当你被男性虐待、被猥亵、在职业选择上被歧视、在人群中被恐吓，或者当你感受到自己必须漂亮、苗条、毫无主见的压力时，你要清楚，这不是你一个人的问题，而是全世界所有女孩子和成年女性面临的问题。所以，你需要为维护女性的权利而努力。"

小结

- 几千年来，女人意味着低人一等，被剥夺了拥有完美人生、安全人生、健康人生的权利。
- 女性在 20 世纪奋起反抗，志在改变这一切。目前，这还是一项未竟的事业。
- 你女儿的个人问题往往是由这个社会对女性施加的压力、对女性的不公与虐待所导致的。
- 如果她明白了这一点，她的自我感觉就会好很多，也会对这个世界有更为清醒的认识，这是一件好事。
- 也许我们自己的孩子生活得还不错，可是，世界上还有几十亿的女孩子和成年女性的生活并非如此。让我们的孩子和我们一起为她们做些什么，你说好不好？

Spirit

第十章

信念的力量

“为什么来到这个世界？活着是为了什么？这些问题，我们成人可能已经淡忘了。但是，我们的女儿青春年少，需要知道这些问题的答案。她们企盼的生活，广阔如天空。”

在艾琳·莫顿·罗宾逊教授还是个孩子的时候，她就从祖父那里学到了如何在灌木丛中识别踪迹。这对于一个澳大利亚土著女孩子来说可不一般，因为这项技能传男不传女。在她祖父的眼里，艾琳一定很特别。事实证明，她的祖父没有看错人，如今，艾琳已经成为澳大利亚的著名学者。很有可能是祖父的耐心传授打开了她走向成功的大门。3 岁的时候，艾琳曾因为在蚂蚁窝上乱踩而受到祖父的批评。他和蔼地告诉她：“你与其他生物别无两样，你们是平等的。”这就是祖父给她的启蒙教育。如果换作你或者我，很有可能会对当时的小艾琳说：“不要踩蚂蚁，它们又没招惹你！”比这更糟的是，我们可能对小艾琳的行为不理不睬——人类社会是在毁坏自然界原貌的基础上建成的，小小几只蚂蚁算得了什么？这位澳大利亚土著老人对小孙女的启蒙教育之所以特别，是因为他能够站在小孙女的位置考虑问题。在澳大利亚土著文化中，“位置”对于部落、景观和宇宙具有很重要的意义。这种理念在澳大利亚土著社会延续了成千上万年，在这种文化的影响下，澳大利亚土著人生活得幸福、有朝气。这种澳大利亚土著文化历久弥新的原因在于，它在下一代教育中起着举足轻重的作用。“你的存在很重要（否则，我为什么在你身上花时间？），但是，你再重要，你与蚂蚁也没有什么不同！”这是一种多么特别的、令人费解的想法啊！当今世界最有影响力的女性之一，曾任爱尔兰总统，后来担任联合国人权委员会委员的玛丽·鲁滨逊女士，在其自传中将这种文化理念解读成“每一个个体都是重要的”。这种理念——每个生命个体都是相互关联的——是人类的核心信念，是我们下文要说明的，也是你应该让自己的女儿明白的。

信念不同于为生活增色的兴趣或业余爱好，也不同于每个星期天去教堂做礼拜之类的宗教活动。信念是年轻人或者拥有或者未拥有的、能够提升自己人生高度的一种基本观念。它至关重要，否则我们的人生将无法继续。信念是生活的基础。你的女儿需要知道并且逐渐拥有自己的信念。拥有信念是让女孩强大而自由的 10 件事中的最后一件，也是最为重要的一件。

女儿是有思想的个体

女性比男性更容易意识到信念的存在。信念关乎个体解放，即将自己从一切悲苦与恐惧中解放出来，这是你的女儿成就自我的最根本的要素。一旦你发现她身上具有某种信念（事实上，它已经在那里了），请给予肯定并注意培养她的这种信念。这种信念会彻底改变她的人生。

在我们还意识不到信念的存在的情况下，它已经在影响我们的生活了。比如，如果你的女儿跌倒在铁轨上，你肯定会一跃而起，奋不顾身地将她救起。这种行为表明，在你看来，她比你重要。有些人在面对这种情况时，即使跌倒的是别人的孩子，他们也会挺身相救。还有些人，毕生都在世界上某个遥远偏僻的角落度过，在那里照顾濒临死亡或处在危险中的孩子。我们的爱在不断延伸。在某种意义上，这种行为不会给实施者带来直接的“好处”，显然与当代社会“利己”的风气格格不入。拥有信念意味着你已开始了新的征程，一种打破“利己”风气的征程，这也正是当代的年轻人所急需的。请看一看“以自我为中心”正在如何坑害我们的孩子：“啊呀，讨厌！我脸上起了个疙瘩！”“他没给我回短信！”“我讨厌自己的肚腩！”信念是一种最基本的分寸感。是的，你很重要，但是，不要这么对自己大惊小怪，做些有意义的事情好不好？

这可能有些令你为难，事实上，我们成年人也经常纠结于类似的事情。当代流行文化如此缺乏信念，以至于我们不能为年轻人提供他们对人生问题所期盼得到的准确答案。他们需要我们沉着、有智慧，而我们却经常迷失在自我里。我们对生活没有什么大目标，只满足于不惹麻烦、拥有漂亮的房子、翻新浴室等，根本无法满足孩子内心的渴望。

但是，我们还有希望。在年轻人的内心里沉睡的东西，在我们这些成年人身上同样存在。

你是否认为自己有某种信念？请在最适合你的选项前打钩。

☐是的　☐某种程度上有　☐没有　☐我根本就不知道信念为何物

在人生的哪个阶段，你觉得自己活得最有朝气？

0～5 岁　5～10 岁　10～14 岁　14～18 岁　18～25 岁　25～30 岁　30～40 岁　现在

在什么样的地方，你最能感到平静？

____

在生活里，你最崇拜谁？

____

简而言之，你最崇拜他们什么？

____

在你的生活里，你是否有践行自己信念的经历？

____

对你来说，什么是神圣的？

____

你在哪方面永不妥协？什么是你一直坚守的信条？

____

信念无处不在

我们将如何帮助女儿体验到自己是整个世界的一部分？意识到她的重要与珍贵远远不止美丽性感、成绩优异、有体育特长？要如何让她抵制外部世界的诱惑？当你的女儿与你交谈时，你需要向她指出下面这些内容，告诉她什么是信念：信念关乎一切。信念是构筑整个世界的重要成分。我们无法用语言描述它，因为语言只能描述独立的个体，而信念存在于一切事物中。所以，我们只能用其他方式，让我们的孩子理解或体验到信念的存在。

> 很多人们做的开心事（即兴的、有趣的）都蕴含着某种信念。冲浪就是一个极好的例子。冲浪是一种体育运动，也是一种社交活动（与志同道合者一起去冲浪）。运动也好，社交也好，总之它能让你体验身处自然中的愉悦，感受水流、浪潮与天气变化，亲近海洋动物。如同生活一样，冲浪有两层含义：一方面，它是你想做的事；另一方面，它可以令你释放压力，荡涤你的灵魂。任何可以荡涤灵魂的事都能让人感受到信念的存在。在伴着音乐起舞时，在为自己的足球俱乐部呐喊助威时，在自然中漫步或赛跑的过程中，在合唱时，在志愿活动中，在帮助那些年迈长者的时候——人们感受到信念的存在。
>
> 山姆

我已出版的很多书都是山姆·迈尔斯编辑的，她的经历非同一般。在十几岁的时候，她罹患癌症，差点死去。她经历了多次手术，遭受身体上的伤痛，没人想到她可以活下来，但是，她活下来了。这样的经历教会了她一些她之前不可能意识到的，直到经历了这一切后才懂得的东西。山姆这样描述她的这段人生感悟：

每个人都可以做些事情来令自己内心平静、更加充满活力，然后以这样的状态回归日常生活，生活得更好。因为信念存在于所有的事物中，适用于一切事物，它并不是被关在生活的某个角落，所以我们带着某种信念去睡眠、与人相处、上学、工作和交友。仅把信念和星期天去做礼拜或者做瑜伽、冥想联系在一起是不对的。

信念是人生的指南针

信念就如同一个指南针。有意识也好，无意识也罢，我们都会对自己为什么来到这个世界而持有某种观点。这种观点往往隐含在我们对孩子的教育里。

- 你认为，在这个世界上，人与人之间是相互竞争的或是协作的。
- 你认为，我们或是彼此孤立的，或是相互联系为一体的。
- 你认为，自然界或是为我们所用的资源，或是一个我们赖以生存的生物有机体，我们要爱护自然界。
- 你认为，人生或是虚无的，或是有意义的。
- 你或是感到孤独恐惧（因此努力让自己成为大人物），或是喜欢独处、四海为家、毫无畏惧。

我们周围大多数人的价值观，都与应有的精神追求相悖。个人主义、消费主义和通过攫取财富、名誉而得到成功，这三种理念是支撑我们现有经济的基础价值观，也是大多数人认定我们所持有的价值观。但是，这种价值观倡导的是只有少数人才能赢的无意义的竞争，它会直接影响到孩子的心理健康，令他们恐惧害怕。

与此截然不同的是，另外一种价值观认为，我们是一个更大的整体中的一部分，生活是一个不断创造的过程，是一部正在被演奏的交响曲。我们可以通过自己的潜心努力与周围其他生物一同奏出和谐的乐章。当然，生活回避不了死亡、伤害与失去，但是，同时，我们也拥有社会上其他人的帮助、爱和大自然对我们的馈赠（来自海洋、陆地与天空）。

你的爱会通过养育女儿而不断向周围的世界延伸。你把她与她的未来时时放在心上，即使在你即将离开人世时，你依旧牵挂着她的子孙后代。很快，你会发现，你还关注她的朋友、她朋友的父母、你的邻里，如此下去，你所关心的人群会不断扩大。

女孩子在家会注意观察爸妈、姨妈和妈妈的朋友的言行，在学校会观察老师的言行。在这些人中，她们会注意到某个人善良、镇定，活得真实自在、无拘无束、有朝气，她们深知这就是理想中的自己。我们的任务就是让女儿懂得她可以成为这样的人。

孩子会注意到我们的言行中所传递的信息。

仔细阅读下列成对的句子，标出你愿意传递给自己女儿的信息。

□在你的生活里，除了你自己，无人可以照顾你。

□其他人在我们的生活里很重要，我们也要关注他们。

□美好生活意味着物质享受，即享用奢侈品和各种高端的消费体验。

□美好生活意味着在改变世界的过程中不断发现人生的目标与意义。

□当你离开这个世界的时候，人去楼空，没人会记得你。

□当你离开这个世界的时候，人们会把你铭记在心。

□世界因我而存在。

□我们与世界密不可分，我们要呵护这个世界。

长大成人是一种领悟

孩子生来就是带有某种信念的。他们认为自己是世界的一部分，但是这种信念需要你的帮助才能进一步确立，才能在他们的一生中起作用。为此，第六章所描述的欢迎孩子加入成人世界的内容就显得至关重要。从纯物质、非精神的角度来看，成年意味着离开家庭，进入求职、租房、养家的消费人生。这一切令人觉得长大成人真的没什么意思，向孩子传递的信息就是："孩子，你长大了，一切要靠自己了。"

但是，你的女儿在成人礼时，从周围的长辈那里听到的人生感悟可不是这样的。他们说的是："长大成人是特别的人生经历，你与众不同。"

孩子长大成人，对你来说，不是将他赶出你的世界，而是欢迎他加入你的成人世界，你永远在那里守护着他。为此，你要给孩子营造一个成人世界。

在澳大利亚土著文化中，在女儿长大时，父母不是把她们推到一个毫无爱心的世界，而是欢迎女儿加入自己的成人世界，加入实实在在的女人世界。父母对孩子这样说："我们欢迎你加入我们，完成成人的使命。成人的使命就是保护生命，这里的生命包括所有的生命形式：人类、动物、植物，还有宇宙。我们肩负神圣的使命。"你可以借鉴这种澳大利亚土著文化的教育方式，帮助自己的女儿唤醒她体内沉睡的信念，帮助她找到生存的意义。

长大成人需要一种觉悟。孩子了解这一点，他们四处寻找机会以期做到这一点。所有的旅行、冲浪、听音乐、做爱、饮酒都可视为孩子为探寻这种觉悟所做的尝试，直觉告诉他们，它就在那里，在外部世界，也在他们的内心。有些人成功觉悟了，但是很多人没能做到这一点。

长大成人是一种领悟。这意味着你已经解码并推导出了一条简单但很具挑战性的信息：在这个世界，你并不是独立存在的；你要拥抱生活，热爱生活，尽情地享受生活。如果你没有明白这一点，那么你的人生可能只会停留于表面，而你的内心世界将渐渐枯萎。

结束语

我要对你说的最后一点是"你可以做到"。放飞自己的女儿，让她做真实的自己：创作自己的音乐作品，从事美术创作或尽情舞蹈，研究机械、细胞或人体的内部结构。你可以带着她去海边看汹涌的波涛，在雨中奔跑。这样，有一天，她在自己坐在某处的岩石上或者小溪边的那一刻，或者在与人长谈的某一刻，会突然感受到一种内心的平静和归属感，这种感觉比以往的任何一种感觉都强烈。这样，她就找到了自己在人间的归属感，而这种感觉将伴随她一生。

这本书谈到了以下 10 个问题，这些问题对于女孩子拥有幸福人生至关重要。

- 安全和充满爱的开端
- 让孩子成为孩子
- 交友之道
- 来自爸爸的爱和尊重
- 点燃孩子兴趣的火花
- 妈妈的姐妹和朋友
- 和异性愉快相处
- 内心强大
- 维护女性的权利
- 信念的力量

其中，第 10 个问题蕴含在其他 9 个问题当中。

这 10 个问题，每一个都会引领我们走向生命的真谛，这里的生命，指的是包括人在内的所有生物的生命。每一个问题都将我们编织入生命的舞蹈。

当一个女孩子接受了所有这些祝福，她的生命中将跳动着幸福快乐的音符。“以自我为中心”的观念无法打倒她，自我陶醉不能羁绊她。她欢欣雀跃地沉醉于活着的快乐，尽自己所能，在阳光下欢庆着自己的人生。她将实现真正的自我。

将 10 条内容都照做是不太可能的。请不要因为孩子的童年过得不完美而自责。实际上，它也不可能完美。生命的神奇来自它的美好，也来自它的不完美，正因如此，我们才用“恩惠”这个词来形容生命。

你爱自己的女儿，所以你尽全力抚养她，经历了多年的成长之后，她会明白这一点。那种身为生命群体中的一分子的幸福感觉，会在她的内心不断增强，成为她的生命源泉。她不再只是被爱，更学会了如何去爱。

人类的生存向来如履薄冰。我们之所以能够繁衍至今，是因为数百万年来，爱的火炬一直在传递，我们在传递，我们的子孙也会将其传递下去，因为生命不仅仅是“以自我为中心”的肤浅存在。

正因如此，年轻人才会急于求变，做些傻事；也正因如此，他们才会疯狂抨击任何世俗苟且的生活。他们不仅要生存，还要比我们走得更远，因为我们对他们已经付出了所有，这种付出是为了在这个世界上给他们一个新的开始，并让他们去创造更美好的明天。

人生如此，夫复何求？

史蒂夫・比达尔夫

于塔斯马尼亚，2017

延伸阅读

可读的优秀文本很多，我选择这些推荐你阅读的作品是出于以下两个方面的考虑：拓展思路；针对特定的兴趣或关注焦点，进一步延展。这几本书可以使你在阅读本书的基础上有更多的收获。

所列的每本书各有特色，适合不同需求的读者。你可以在网上检索这些书，或到书店逛一逛，听从自己的直觉，看看哪本书对你最有帮助。

《新型青春期：如何应对当代女孩子的性早熟》（*The New Puberty:How to Navigate Early Development in Today's Girls*）

路易丝·格林斯潘，朱莉安娜·迪尔道夫

罗代尔出版社/麦克米伦出版社（Rodale/Macmillan），2014

已经有许多女孩子在8岁之前过早步入青春期，她们的数量多到令人吃惊。这本书科学详尽地讲述了如何从食品、化妆品、家居用品等方面避免这一问题。食品、化妆品、家居用品的使用不当，可能导致女孩子体内激素水平的失常。“女孩发生性早熟的情况，父母要如何在心理上关爱她们”是一个很重要的话题。这本书的作者资历深厚，可以帮助我们弄清该怎么做，而不是仅仅感到担忧。

《莫莉·托普有关爱、性和无悔人生的指南》（*Molly Top's Teen Guide to*

Love,Sex and No Regrets）

伊丽莎白·克拉克

莫莉·托普出版社（Molly Top），2017

正如我在本书第七章所提到的，我一向推崇这本书，它独一无二，最适合少男少女阅读。孩子会自行探究青春期的整个过程，他们需要的是从中感受到快乐，我们要允许他们放慢爱的脚步。这本书的姐妹篇《父母如何教育新一代青少年：在这个网络色情流行的世界为他们导航》是写给爸爸妈妈的一本书。两本书都切中问题的要害、幽默感十足，有助于鼓励孩子学会（或父母帮助孩子学会）如何设定行为的边界，如何表达积极有意义的信息，如何不杞人忧天。

《简单养育》（*Simplicity Parenting*）

金姆·约翰·佩恩

巴兰坦图书公司（Ballantine Books），2010

这是一本同时适合少男少女阅读的书，一本紧跟时代、具有创新性的书，一本关于简化住宅、简化孩子生活、简化家人日常生活的书。这本书的主要观点是：当下的我们和孩子面临太多的信息和选择，我们几乎没有时间安定下来，去融入某个群体，去与人沟通，甚至没有时间享受生活。这种生活状态对孩子尤其不利，它令孩子性格上的弱点变成了多动症、焦虑症、强迫性神经官能症、抑郁、暴力，甚至导致自杀的恶果。改变这种生活状态的方法就是简化家庭生活。“简化”可以带给家人很多好处，例如，减少玩具，使选择和玩耍变得简单容易，减少活动、减少媒体信息的接触，增加一家人坐在一起放松的时间，令家庭布置在视觉上更加简约。考虑到当前这么多女孩子患上焦虑症，这种做法有时候甚至可以救命。

《女孩子的成人礼：让女儿顺利步入成年女性的行列》（*Rites for Girls:Easing Your Daughter's Passage into Womanhood*）

金姆·麦凯布

利特尔–布朗出版集团（Little, Brown Group），2018

这本书是本书第六章内容的完整版，主要讲述如何在你女儿的生活里形成一个团体，帮助她真正享受并珍视从一个女孩转变为一个成熟女人的过程。这本书提出，我们应将人类最古老最重要的成人礼的理念运用到女孩子的青春期成长过程，我们的孩子在成长过程中一直缺少的就是这种仪式感。这一观点得到了世界各地的妈妈的关注，并在实践中得以运用发挥。

《孩子的想象力：我们鼻子底下的创造力》（*Children's Imagination:Creativity Under Our Noses*）

厄休拉·科尔比

佩皮诺特出版社（Peppinot Press），2014

行动与创造是童年的主题，也是幼童的大脑潜力得到全面开发的必经之路。大脑的开发不是通过成人误导式的训练与教授，而是在孩子快乐创造的过程中完成的。我们可以通过参与孩子的活动或者只是站着旁观，来帮助孩子做到这一点。这本书通过许多案例，描述孩子在做什么、创作什么，并解释这些行为的意义。通过阅读这本书，你可以培养出这样的孩子：他将通过与周围世界的互动来完成自己独立的成长过程。我对这本书刮目相看，它的魅力于我而言至今丝毫未减。因为这本书，我改变了与孩子们相处的方式。

《女儿与爸爸：给爸爸、成年女儿、丈夫、不是爸爸却担任着爸爸的角色的人的建议》（*Daughters and Their Dads: Tips for Fathers, Adult Daughters, Husbands and Father Figures*）

布鲁斯·罗宾逊

麦克西斯（Macsis），2008

在澳大利亚，布鲁斯是爸爸们的头号精神领袖。这本书给出了很多实用的建议，告诉爸爸们如何使用直白的爸爸用语，并提到了大量名人爸爸、普通人爸爸和他们的女儿的案例，讲述爸爸可以为孩子的成长做些什么。这本书既可以被爸爸们用来激励自己，又可以作为他们的育儿指南。该书内容具体明了，也有助于妈妈理解和重视爸爸在育儿中的作用。

《火花：父母如何激发青少年的潜力》（*Sparks:How Parents Can Ingite the Hidden Strengths of Teenagers*）

彼得·本森

约翰·威利父子出版有限公司（John Wiley and Sons Ltd），2008

这本书是本书第五章内容的展开版。它主张发现、培养、赏识孩子的兴趣。你可以在网上搜索“彼得·本森火花”（Peter Benson Spark），收看本森的 TED 演讲视频。

《女孩子就是女孩子：培养有信心、有勇气的女儿》（*Girls Will Be Girls: Raising Confident and Courageous Daughters*）

乔安·迪克，特雷莎·帕克

亥伯龙出版公司（Hyperion），2002

乔安被尊为女孩教育与女孩自尊研究领域的权威。玛丽·皮弗曾经在她的那本观点犀利的著作《拯救奥菲利亚》(*Reviving Ophelia*)中回避的问题，在乔安这里得到了解决。在她的另一本书《女孩子如何茁壮成长》(*How Girls Thrive*)中，乔安谈到学校、老师和家长该如何恢复女孩子的生气、自信心、活力，如何复苏女孩子渴望聪明、独立、做回自己的意愿。

《她的下一个人生乐章》(*Her Next Chapter*)

罗莉·戴，夏洛特·库格勒

芝加哥评论出版社(Chicago Review Press)，2014

这是一本由母女俩合作完成的书，书中提出了"母女读书俱乐部"的构想。在这个俱乐部，成年女性与未成年女性可以定期见面讨论各自阅读的书籍。在此基础之上，该书还讨论了俱乐部如何解决针对未成年女性的欺凌问题、体形偏见问题、性别成见问题，如何去除其他 5 项不利于女孩子成长的毒素。受到这一构想的启发，成千上万的妈妈创建了母女俱乐部。在这样的俱乐部中，妈妈们可以与女孩们接触、交流，分享她们的生活智慧与痛苦。在愉快的气氛中，大家可以进行更深层次的沟通。这里的经历有助于女孩子顺利度过青春期，并因此成了她们生活中最难忘、最宝贵的一部分。"母女读书俱乐部"是一个"女子村落"，"村民"之间亲密无间。这本书的作者罗莉是知名作家和活动家，她为了女孩子的幸福在马萨诸塞州四处奔走宣传。

《我是情感动物：世上女孩子的私密生活》(*I Am an Emotional Creature:The Secret Life of Girls Around the World*)

伊芙·恩斯勒

兰登书屋(Random House)，2010

这本书的内容直抵人心。作者伊芙曾经创作了享誉世界、具有强烈的女性解放意识、极富感染力的舞台剧《阴道独白》。这本书是一本合集，收录了由她本人和一些女孩子完成的诗歌、杂文和思想独白，作品反映了她们在现实生活中遭遇的各种困难。作品的文字令人震撼，令你和任何一个青春期的少女在读过之后都欲挺身而出，为女性权利而战。恸哭、愤怒与成长……什么可怕的事情都有可能发生，什么反应都可能出现，这个世界对待女性实在太可怖了！一分一秒也不要再浪费，不要再让女性成为男性的牺牲品！如果你有女儿，一定要读一读这本书，你一定可以从中受益。

《闺密与仇敌：了解孩子的社交生活》（*Best Friends,Worst Enemies: Understanding the Social Lives of Children*）

米歇尔·汤普森，凯瑟琳·奥尼尔·格雷丝

巴兰坦图书公司（Ballantine），2002

这本书对少儿的每个成长阶段的友谊所起的作用有着清晰透彻的理解，并教会我们如何找到少儿在成长过程中所遇问题的根源，以便真正帮助孩子或让孩子做到自助。建立并保持友谊对我们所有人来说都至关重要。这本书有助于减少孩子的成长烦恼，增加孩子建立良好的人际关系的机会。

《走出荒野：迷途知返》（*Wild:A Journey from Lost to Found*）

谢丽尔·斯特雷德

诺夫出版社 / 兰登书屋（Knopf/Random House），2012

尽管有其他同名作品，但这本书与它的同名书大不相同。这本书后来被拍成了瑞茜·威瑟斯彭出演的精彩影片。少女时代的谢丽尔曾被祖父虐待，她的母亲被癌症夺去了生命，她的生活偏离了正常轨迹——她染上了性瘾、毒瘾。但是，她有着不一般的智慧和强大的内心，她知道，一个人只能自己拯救自己，所以，她独自完成了世界上最长的徒步旅行。在旅行过程中，她遭遇的最大危险并非来自自然，而是来自人类。无论在价值观上，还是在情感上，治愈自己都需要勇气。很少有人能像她那样在人生道路上走得那么偏远后回归正途。谢丽尔现已成为世界闻名的心理咨询师。她的作品《想把所有美好都给你》（*Tiny Beautiful Things*）在我所读过的为深陷情感漩涡中的人提供建议的书中堪称最佳。谁不曾为情感问题苦恼过呢？

注　释

（注释部分页码为英文原书页码，详见英文原书）

p. 12. the Department for Education is reporting…

C. Lessof *et al.*, 'Longitudinal study of young people in England cohort 2: health and wellbeing at wave 2', UK Department for Education research report, July 2016.

p. 12. The NHS says the same…

S. McManus, P. Bebbington, R. Jenkins and T. Brugha (eds), *Mental Health and Wellbeing in England: Adult Psychiatric Morbidity Survey*, Leeds: NHS Digital, 2016.

p. 36. Drug use among teenagers…

D. C. McBride *et al.*, 'Sector health care affairs: quality of parent–child relationship and adolescent HIV risk behavior in St. Maarten', *AIDS Care* 17 (2005), pp. 45–54.

p. 40. This is caused by the neurological meltdown…

D. Siegel, *Brainstorm: The Power and Purpose of the Teenage Brain*, London: Scribe, 2014.

p. 46. They go so far off the rails…

Without clear intervention, risky adolescent life paths tend to worsen or continue into adult life. The main ways that girls and young women cope maladaptively with stress are termed 'internalizing' behaviours (so that they harm or endanger themselves rather than others). These include self-harm or suicidal behaviour, anxiety and depression, eating disorders, risky sexual behaviour, binge drinking and other substance abuse. Some girls also externalize through bullying, violence, theft and other behaviours.

W. Bor *et al.*, 'Are child and adolescent mental health problems increasing in the 21st century? A systematic review', *Australian and New Zealand Journal of Psychiatry* 48 (July 2014), pp. 606–16.

I. Colman *et al.*, 'Forty-year psychiatric outcomes following assessment for internalizing disorder in adolescence', *American Journal of Psychiatry* 164:1 (January 2007), pp. 126–33.

B. Mars *et al.*, 'Clinical and social outcomes of adolescent self-harm: population-based birth cohort study', *British Medical Journal* 349 (2014), g5954.

p. 52. if they are allowed to play free until the age of seven…

Eighty-eight per cent of the world's children begin school at the age of six or seven. Only the UK and former British colonies start school at five or younger. An extensive list of the research evidence for a kindergarten stage as opposed to early school starting is provided at www.upstart.scot/the-evidence.

p. 52. the most anxious girls today are often those…

C. Lessof *et al.*, 'Longitudinal study of young people in England cohort 2: health and wellbeing at wave 2', UK Department for Education research report, July 2016.

p. 53. Our eyes, ears, hands, limbs, feet and, ultimately, our brain need the complex and richly sensory world that only nature can provide…

The scientific case for this, and ways to remedy 'nature-deficit disorder', are comprehensively covered in R. Louv, *Vitamin N: The Essential Guide to a Nature-Rich Life*, New York: Algonquin Books, 2016.

Further reading and citations may be found at childrenandnature.org.

In the UK the leading advocate of returning more nature to children's lives is the commentator and author George Monbiot. See for example www.theguardian.com/commentisfree/2012/nov/19/children-lose-contact-with-nature.

p. 57. It is known from research that dads do more adventurous…

Richard Fletcher at the University of Newcastle, Australia, has carried out extensive research into father–child play and its benefits. His academic papers are numerous, but a summary may be found in his book *The Dad Factor*, Sydney: Finch Publishing, 2011.

There is also a very useful summary of current research in this *Wall Street Journal* article: www.wsj.com/articles/roughhousing-lessons-from-dad-1402444262.

p. 58. Marketers realized there was an untapped demographic…

Comprehensive coverage of commercial targeting of children, with extensive research citations, may be found at www.uow.edu.au/~sharonb/children.html.

p. 59. Those advertisers succeeded beyond their wildest dreams...

N. Micali *et al.*, 'Adolescent eating disorder behaviours and cognitions: gender-specific effects of child, maternal and family risk factors', *British Journal of Psychiatry* 207:4 (2015), pp. 320–7.

p. 59. And one girl in twelve will develop an eating disorder…

The National Eating Disorders Collaboration, *Eating Disorders: The Way Forward: An Australian National Framework*, Sydney: NEDC, 2010.

See also www.eatingdisorders.org.au/key-research-a-statistics.

p. 62. Studies are backing up what teachers are noting with alarm…

J. Dockrell *et al.*, 'Supporting children with speech language and communication needs: an overview of the results of the Better Communication Research Programme', *International Journal of Language and Communication Disorders*. Article first published online, 24 June 2014.
There are also good discussions of this at www.telegraph.co.uk/education/educationnews/11497018/Twice-as-many-boys-as-girls-are-starting-school-unable-to-speak-properly-report.html

and

theconversation.com/were-not-talking-to-our-kids-are-we-causing-speech-delay-23585.

Further coverage of the wider research picture is at www.literacytrust.org.uk/assets/0000/1151/discussionpaper.pdf.

p. 70. psychologist Michael Thompson describes seven key skills that make up friendship competence...

M. Thompson PH.D. and C. O'Neill Grace, *Best Friends, Worst Enemies: Understanding the Social Lives of Children*, New York: Ballantine Books, 2002.

p. 75. some great insights are given about friendship in the under-eights...

Dr M. Anthony M.A. PH.D. and R. Lindert PH.D., *Little Girls Can Be Mean: Four Steps to Bully-Proof Girls in the Early Grades*, New York: St. Martin's Griffin, 2010.

p. 76. Research shows that boys use more physical bullying...

The Ditch the Label Annual Bullying Report for 2016 is available at ditchthelabel.org.

p. 86. For at least 90 per cent of girls...

The difficulties of estimating the extent of same-sex attraction are well explored in www.ncbi.nlm.nih.gov/pmc/articles/PMC2603519, which cites a Canadian survey that 6.4 per cent of sexually active girls had experienced sexual activity with a same-sex partner in the previous year. Being predominantly same-sex attracted could safely be estimated as comprising less than 10 per cent of young people, but the boundaries are far from clear and it might be that sexuality ought not to be categorized at all.

p. 96. Bruce discovered research that families who eat together...

The study linking families having dinner together and reduced levels of drug use in teens attracted a great deal of attention in the early 2010s. However, more thoughtful analysis suggested that families who got on well were more likely to eat together, and closer relationships rather than meals per se were the link to lower levels of drug use in teens. For families with high levels of conflict, eating together could make things worse. Still, the main message holds: there is greater chance of engagement – and oxytocin hormones actually rise when humans eat together – so having family meals is still a very valuable practice.

www.centeronaddiction.org/newsroom/press-releases/2011-family-dinners.

healthland.time.com/2012/06/07/do-family-dinners-really-reduce-teen-drug-use.

p. 112. Peter Benson's team researched the concept...

www.search-institute.org/research/insights-evidence/november-2010.

www.parentfurther.com also has useful resources for parents, including video on talking to your child about spark.

p. 117. Benson found that about half of the young people he studied...

www.search-institute.org/research/insights-evidence/november-2010.

p. 144. A recent study by the Burnet Institute...

M. S. Lim *et al.*, 'The impact of pornography on gender-based violence, sexual health and well-being: what do we know?' *Journal of Epidemiology & Community Health* 70:1 (January 2016), pp. 3–5.

p. 145. One study found that 88 per cent of porn...

A. J. Bridges *et al.*, 'Aggression and sexual behavior in best-selling pornography videos: a content analysis update', *Violence Against Women* 16 (2010), p. 1065.

p. 153. Less than a fifth of girls have orgasms...

Most studies today report that young women barely focus on their own sexual pleasure and concentrate instead on avoiding pain, which 53 per cent experience as part of their sexual interactions with boys. His pleasure and how they 'perform' are the main focus. It's likely that their mothers' generation had more fulfilling sex lives 30 years ago than young women do today.

N. J. Sales, *American Girls: Social Media and the Secret Lives of Teenagers*, New York: Knopf, 2015.

P. Orenstein, *Girls & Sex: Navigating the Complicated New Landscape*, New York: Harper, 2016.

p.165. *The Continuum Concept* author Jean Liedloff described the same strength and attitude in her book about the rainforest people of the Amazon...

J. Liedoff, *The Continuum Concept*, London: Arkana, 1989.

p.170. Tom Gordon made it clear and easy, and gave it a name – the I-message...

Dr T. Gordon, *Parent Effectiveness Training: The Proven Program for Raising Responsible Children, 30th edition*, New York: Three Rivers Press, 2008.

p. 184. It's no accident that women are often more spiritually aware...

A. Desrosiers and L. Miller, 'Relational spirituality and depression in adolescent girls', *Journal of Clinical Psychology* 63:10 (October 2007), pp. 1021–37.

A. N. Bryant, 'Gender differences in spiritual development during the college years, *Sex Roles* 56:11 (June 2007), pp. 835–46.

插图来源

A and N Photography/Shutterstock p116; Africa Studio/Shutterstock p100; Alena Ozerova/Shutterstock p125, 180; Andrey Arkusha/Shutterstock p209; areebarbar/Shutterstock p133; Biddiboo/Getty Images p18; Blend Images – Dave & Les Jacobs/Getty Images p24; Blend Images/Shutterstock p93; Chev Wilkinson/Getty Images p139; comodigit/Shutterstock p57; Daniel Tran Photography p212–213; de Visu/Shutterstock p204; Deborah Jaffe/Getty Images p145; Elizabeth Clark p156; Evgeny Atamanenko/Shutterstock p98–99; Fritz Photography Teens/Alamy Stock Photo p68; Galina Barskaya/Shutterstock p161; Gary John Norman/Getty Images 70–71; George Rudy/Shutterstock p72, 163; Ghislain & Marie David de Lossy/Getty Images p46–47; gpointstudio/Shutterstock p120; Gualberto Becerra/Shutterstock p200; Halfpoint/Shutterstock p***9***; Hogan Imaging/Shutterstock p184–185; holbox/Shutterstock p24–25; Joana Lopes/Shutterstock p140–141; Jose Luis Pelaez Inc/Getty Images p168; junpinzon/Shutterstock p148; Kevin Dodge/Getty Images p77; Lucky Business/Shutterstock p137; Magdalena Frackowiack p128; Mariia Masich/Shutterstock p7; Mat Hayward/Shutterstock p194–195; Minnikova Mariia/Shutterstock p97; MNStudio/Shutterstock p114–115; Monkey Business Images/Shutterstock p58; Narikan/Shutterstock p44; Nick David/Getty Images p15; Oleg Mikhaylov/Shutterstock p32; Paul Bradbury/Getty Images p142; pikselstock/Shutterstock p166–167; Pollar SD/Shutterstock p80–81; PopTika/Shutterstock p196; Pressmaster/Shutterstock p10; Purcell Pictures, Inc/Alamy Stock Photo p37; Rachel Weill/Getty Images p155; racorn/Shutterstock p85; Rawpixel.com/Shutterstock p***10–11***; Skip Nall/Getty Images p103; SolStock/Getty Images p48; spass/Shutterstock p51; SpeedKingz/Shutterstock p63, 65; Steve Biddulph p***5***; StockLite/Shutterstock p16–17; Syda Productions/Shutterstock p193; Tania Kolinko/Shutterstock p***14***; Tatyana_K/Shutterstock p21; Tatyana Vyc/Shutterstock p***21***, 211; Tim Hale Photography/Getty Images p9; Tyler Olson/Shutterstock p11; University of Western Australia p86; vlavetal/Shutterstock p26; Yuganov Konstantin/Shutterstock p175, 186.

致 谢

我的生活与工作成就了本书，如果没有陪伴了我40年的人生伴侣莎罗·比达尔夫的帮助，就没有我现在所拥有的一切。莎罗给了我理解他人的智慧，让我善待他人，使我明白如何为他人而活。

编辑部主任卡罗琳·索恩为本书的出版投入了很多精力，并给予了我很大的鼓励，凯茜·戴克在本书的文本细节上下了很大功夫，执行出版人凯特·埃尔顿十分欣赏本书中具有互动性的测试，这些测试成为本书的一大特色。在此，我还要感谢策划和插图设计者的努力。我的同行布鲁斯·鲁宾逊、伊丽莎白·克拉克和金姆·麦凯布也为本书提供了很多宝贵的建议。

此外，我还要感谢阿里安娜·比达尔夫在调研方面为我提供的帮助，瓦妮莎·沃伦和拉蒙纳·比达尔夫给了我很多想法与灵感。我作为心理咨询师所接触的很多女孩子、年轻女士、爸爸妈妈、教育工作者，是我完成这本书的主要动力。

正在我即将完成本书的写作之际，我唯一的姐妹，患有多发性硬化的克莉丝汀·霍华德不幸离世。她是我的第一个朋友、最棒的姐妹，她喜欢逗大家开心，不畏传统与权威，自己是个病人，却处处同情关心他人，就好像自己不用面对病魔。

史蒂夫·比达尔夫